ABOUKHLAL
RANCE
2023
FFF

TALENT ÉDITIONS

115 rue de l'Abbé Groult, 75015 Paris

ISBN : 978-2-37815-336-6

Achevé d'imprimer en octobre 2023 par SEPEC AGM en France
Dépôt légal : Octobre 2023 - N° d'impression: SA19387230705

JANO RESSEGUIÉ & VINCENT DELZESCAUX

TOULOUSE FC

L'incroyable parcours en Coupe de France

Talent Sport

SOMMAIRE

INTRODUCTION

LE DERNIER DES PIONNIERS
La finale de Guy ROUSSEL (le survivant de 57)

« Après le 26 mai 1957, il y aura donc le 29 avril 2023… Enfin des successeurs, après tant d'attente ! Ce samedi restera gravé comme une soirée particulière pour moi. Depuis ma maison, dans le Gard, j'ai regardé avec beaucoup d'affection cette finale de

Coupe de France entre Toulouse et Nantes. Je l'ai regardée en famille, nous étions une dizaine devant la télévision, avec mon gendre, ma fille, mes petits-enfants et même mes arrière-petits-enfants !

Je dois avouer que j'ai trouvé les Violets très à l'aise, ils se sont promenés ! On a vécu ce match avec plaisir, mais, reconnaissons-le, il n'y a pas eu trop de suspense... Ce TéFéCé-là a été à la hauteur de sa réputation d'équipe offensive, après le titre de champion de Ligue 2 la saison précédente.

Cela m'a rappelé notre entame de match, en 1957, contre Angers. On a très vite mené trois buts à zéro, et nous avons toujours conservé ces trois buts d'avance durant le match, un peu comme le TéFéCé de 2023. J'ai été surpris de voir que Nantes n'a pas été à la hauteur de cette finale, alors qu'ils étaient pourtant tenants du trophée. Mais il faut reconnaître que les Toulousains ont remarquablement joué ce match, tout en maîtrise, de la première à la dernière minute. Toute l'équipe a été à la hauteur, et tous ont été appliqués pour réaliser le match parfait, et aller chercher cette coupe, soixante-six ans plus tard...

Je suis tellement fier de ce succès. Ce club a tellement compté pour moi, j'y ai passé neuf ans comme joueur, et même six ans comme entraîneur adjoint d'un de mes anciens coéquipiers de 1957, Pierre Cahuzac. D'ailleurs, quelques jours avant la finale au Stade de France, un journaliste de La Dépêche du Midi m'a rappelé que j'étais toujours le joueur qui avait disputé le plus de matchs sous les couleurs du TéFéCé en première division, deux cent quatre-vingt-quinze rencontres ! Ce record aussi sera peut-être un jour battu, mais ça ne sera pas si simple[1]...

Alors, une page se tourne, et je sais bien que maintenant, on ne va plus parler de nous... C'est normal. Cette victoire en Coupe de France en 2023 va nous envoyer aux oubliettes, mais ce n'est pas grave, il fallait bien que cela arrive un jour. Je suis heureux de l'avoir vécue devant ma télévision, avec mes proches. C'est presque un exploit, du haut de mes quatre-vingt-sept ans !

Mais attention ! La Coupe de France réserve toujours des surprises. Un parcours n'est jamais simple, quels que soient les adversaires. J'en sais quelque chose... L'année après la victoire en finale, on s'est fait sortir par un club amateur ! »

1. Au classement du nombre de matchs disputés en première division avec le TéFéCé, Guy Roussel devance : Alberto Márcico (227), Étienne Didot (226), Pantxi Sirieix (220), Daniel Congré (201), Pascal Despeyroux (196), Moussa Sissoko (192), Albin Ebondo (182), Nicolas Dieuze (178), Achille Emana (164), Dominique Arribagé (158), Laurent Batlles (145).

CHAPITRE 1

DEBOUT. *Toujours.*

En 2021, quelques mois après avoir été racheté par le fonds d'investissement RedBird Capital Partners, le Toulouse Football Club décide de redéfinir son image autour d'un slogan qu'il fait sien aujourd'hui encore :

« Debout. Toujours. »

Le travail de modernisation de l'image de marque du TéFéCé a été accompli par l'agence de communication Buzzman, qui a réalisé de nombreux entretiens auprès de personnalités plus ou moins proches du club, des supporters de longue date aux membres de la direction. L'agence a dans un premier temps constaté que le TéFéCé avait enduré des hauts et des bas interminables, avant de parvenir à la conclusion que ce qui définit profondément le club, à l'image de la ville et de ses habitants, c'est sa capacité à toujours se relever, pour mieux renaître de ses cendres. « D'abord, on a constaté que le TéFéCé est un club qui a toujours souffert, de l'intérieur ou de l'extérieur, mais qui s'est toujours relevé, explique Olivier Jaubert en septembre 2022 dans Boudu, un magazine toulousain. On a ensuite fait un autre constat : nous ne sommes pas ancrés dans notre ville. Je m'en suis rendu compte le matin du premier match, lorsque j'ai réalisé que mon coiffeur ne savait même pas que nous jouions le soir même. Quand un coiffeur, un chauffeur de taxi ou un concierge ignorent que vous jouez, c'est que vous n'êtes pas dans la ville. Donc il nous a fallu recommencer à réinstaller le club dans la ville. »

Très vite, la conquête – ou la reconquête – de la cité toulousaine devient une priorité pour ce TéFéCé new-look, et l'ancrage local semble être une obsession réaliste, à condition de réaffirmer une identité occitane qui manquait jusqu'alors, pour

que les Toulousains s'y identifient. De ce constat est née une signature, « Debout. Toujours. », qui trouve sa déclinaison dans une version occitane : « Dreit. Totjorn. ». Ces slogans sont souvent accompagnés de croix occitanes, que l'on voit fleurir dans la ville et au Stadium. L'Occitanie puise depuis longtemps ses racines à Toulouse, bien plus qu'à Montpellier, Nîmes ou encore Perpignan. C'est de l'Occitanie qu'est originaire « Se Canto », l'hymne cher aux habitants de l'ancienne région Midi-Pyrénées, un chant qui résonne tout naturellement dans l'enceinte du TéFéCé. Apprécié de tous, « Se Canto » avait trouvé sa place dans les protocoles d'avant-match sur l'île du Ramier il y a plusieurs années, sur une idée des « Indians Tolosa », le principal groupe de supporters du Toulouse Football Club. Ce retour aux origines est perçu comme essentiel pour se rapprocher de la communauté toulousaine et créer un lien à une époque où le nouveau maillage administratif de la région Occitanie semble encore loin de plaire à tout le monde. En témoigne la difficulté de rassembler sous une même bannière régionale les anciennes régions Midi-Pyrénées et Languedoc-Roussillon.

Comme un éternel recommencement...

N'en déplaise aux moins érudits, ou aux plus taquins – c'est selon –, le TéFéCé ne rougit pas à l'heure d'évoquer son histoire tumultueuse, faite de hauts et de bas, pour raconter sa mue. Et ce succès en Coupe de France en 2023, de surcroît face au FC Nantes, prend un visage ironique, presque amusant, au regard des similitudes entre l'époque actuelle et le passé plus ou moins récent qui a nourri l'histoire toulousaine. Un parcours raconté dans une vidéo nommée « Debout. Toujours. », dévoilée au printemps 2021, dans laquelle le récit commence quelques années plus tôt, en 1957 ! C'était l'année de la première et unique finale de Coupe de France remportée par le Toulouse FC, sur un score sans appel (6-3), qui reste à ce jour le plus prolifique de l'histoire de la Coupe. Les premières images de la vidéo promotionnelle sont donc, tout naturellement, en noir et blanc. Les commentaires sont d'époque. Cette année-là, le TéFéCé est debout. C'est ensuite la voix de Thierry Roland qui prend le relai et accompagne un crochet du légendaire Alberto Márcico. Nous sommes alors le 1er octobre 1986, le Toulouse FC dispute le premier tour de Coupe de l'UEFA, et « Beto » centre devant le but du Napoli de Diego Maradona. Si Gérald Passi semble un peu court, Yannick Stopyra suit l'action et inscrit « le » but qui permet au TéFéCé de mener 1-0 au match retour, pour offrir un score de parité (1-1) sur l'ensemble des deux rencontres. La suite, les plus chanceux s'en souviennent, les plus envieux la connaissent. Une prolongation sans éclat, jusqu'à ce tir au but qui voit la frappe de Diego Armando Maradona frapper le poteau droit du but de Philippe Bergerôo, rebondir sur sa cuisse, et finir sa course hors du cadre. Le TéFéCé élimine Naples. Le Stadium peut exulter et rester debout.

La rétrospective se poursuit avec un nouveau temps fort de l'histoire du club, puis s'arrête sur une coupure de presse. Celle de La Dépêche du Midi, commentée par la voix d'un reporter de la station régionale de France 3, qui annonce la rétrogradation du TéFéCé en troisième division. Les dirigeants de l'époque viennent de déposer le bilan. Le club, plombé par un déficit de soixante-dix millions de francs (10,6 millions d'euros), est au bord du précipice et tout près de mettre la clé sous la porte. Il sera sauvé in extremis par l'intervention d'un jeune entrepreneur toulousain, un certain Olivier Sadran, qui maintient le club debout. Toujours.

Et ce, même lorsque le sort s'acharne, que les éléments s'en mêlent et que l'histoire prend une tournure dramatique. Comme le relate cet extrait du journal de 20h de France 2, où l'explosion de l'usine AZF fait la triste une. Non loin du lieu de la déflagration, le Stadium, aux premières loges, est touché. La nouvelle est rude pour tous les Toulousains. « Debout. Toujours. » Mais à quel prix ?

Jouer pour se relever

La suite de l'histoire de ce club sera ensuite narrée par les voix de deux frangins du coin, celles des rappeurs toulousains Bigflo et Oli. Au rythme d'images qui retracent le parcours du TéFéCé, on découvre le tour préliminaire de Ligue des Champions face à Liverpool, la tragédie de Belgrade. Les années galères, le discours mythique de Pascal Dupraz et la patte gauche de Bodiger. Des buts « casquette » dans un Stadium vide, des coups francs tirés par Branco van den Boomen. Les clins d'œil sont multiples, adressés au regretté Christophe Revault, aux Pitchouns, au poète et magicien des mots Claude Nougaro. Rien ni personne n'est oublié. Soixante-quatre ans d'histoire, en somme, résumés en autant de secondes.

« Finies les excuses et fini de jouer leur jeu. On va plutôt jouer le nôtre. Jouer pour se relever et toujours viser plus haut. »

Le ton se durcit et promet des jours meilleurs, incarnés par des noms et des visages nouveaux. Les Healey, Koné et Dupé d'aujourd'hui s'appelaient alors Fauré, Sissoko ou Revault et incarnaient, avec van den Boomen, Spierings, Dejaegere, Adli et tous les autres, le renouveau d'un club qui ne remontera en Ligue 1 qu'un an plus tard. Parce que même lorsqu'il se relève et se croit solidement debout, la TéFéCé n'est pas à l'abri d'une chute.

Cette rétrospective se termine par un envahissement de terrain et des célébrations, mais ne dit rien de la première saison de l'ère RedBird Capital Partners, qui se soldera par un dénouement amer sur la pelouse du FC Nantes, à l'issue du match de barrage retour pour la montée en Ligue 1. La victoire 1-0 ne suffira pas à l'emporter sur l'ensemble des deux matchs, et un pénalty non sifflé pour les Violets laissera un sentiment d'injustice à tout un club et à toute une communauté. Des regrets qui ne resteront pas vains, et viendront nourrir les ambitions et alimenter les efforts fournis dès la saison suivante. Non seulement pour retrouver l'élite, mais pour le faire, surtout, avec la manière, et décrocher au passage le premier trophée du club depuis vingt ans.

Parce que l'appétit vient en mangeant, et que l'histoire, surtout celle du Toulouse Football Club, n'est qu'un éternel recommencement, la route des Violets recroise celle de leurs bourreaux nantais un soir d'avril 2023, près de deux ans après l'échec en barrage. C'est alors une finale de Coupe de France historique, disputée soixante-six ans après celle qui introduisait la vidéo dont il est question dans ces lignes. Pour une nuit que le TéFéCé terminera, trophée entre les mains, sur la plus haute marche du podium. Debout. Toujours.

« Debout. Toujours. »

« On est là.
Là, debout depuis le début.
On est tombés sous les tacles plusieurs fois.
Mais on s'est relevés. Toujours.
Des enfers, on est allés toucher le ciel.
On a beau nous avoir dit ne pas être au niveau.
Qu'on ferait mieux d'oublier le ballon rond.
On s'en fout. On ne pliera jamais le genou.
Ne vous fiez pas à ce qu'on raconte sur nous.
On a peut-être l'accent chantant mais on sait aussi aiguiser nos crampons, et montrer les dents.
N'oubliez pas qu'à Toulouse, même les mémés aiment la castagne !
Alors non, on n'a pas les plus grands noms derrière nos maillots, mais on a toute l'Occitanie derrière nous.
On est prêts pour le combat.
Pas vrai, les Pitchouns ?

Finies les excuses et fini de jouer leur jeu. On va plutôt jouer le nôtre.
Jouer pour se relever et toujours viser plus haut.
Bienvenue dans la Ville rose, où le sang coule violet.
Bienvenue en Occitanie, où l'on se tient toujours debout.
Le regard fier, tourné vers le ciel.
Bienvenue au TéFéCé, le club qui se relève toujours. »

Les trois vidéos « DEBOUT. TOUJOURS. » du Toulouse Football Club

2020-2021 – Le club qui se relève toujours

2021-2022 – Le club de retour en Ligue 1

2022-2023 – Le club vainqueur de la Coupe de France

CHAPITRE 2

LE HASARD FAIT MAL LES CHOSES

Damien Comolli : «Passer de To Lose à To Win !»

Si l'amour rend aveugle, alors Damien Comolli serait bien avisé de vite consulter un ophtalmologue. En passionné de football, le président du Toulouse Football Club a consacré sa vie à un sport qui dépasse, chez lui, le cadre du simple jeu. Ou alors, si c'est un jeu, c'est un jeu de stratégie. Alors quand se présente l'opportunité de remporter un trophée majeur de la scène hexagonale, qui n'a plus été soulevé depuis près de sept décennies par le club dont il est à la tête depuis tout juste trois ans, l'opportunité est trop belle pour laisser passer la chance de marquer l'histoire. Il n'est d'ailleurs que rarement question de chance avec Damien Comolli, qui trouve, dans la science, le pragmatisme et l'anticipation, le terreau fertile à ses émotions, dans lequel il plante la graine de ses succès.

Vous n'avez jamais caché votre objectif de promotion en Ligue 1 l'an passé, ni celui de vous maintenir cette saison. Mais en Coupe de France, quel objectif vous étiez-vous réellement fixé ?

Au départ, la manière dont on voit la Coupe de France, avant d'attaquer les premiers tours, c'est pour nous permettre de juger des joueurs sur lesquels on doit réfléchir par rapport à l'avenir. Au début, la projection en Coupe de France, en étant tout à fait honnête, c'est de vouloir gagner les matchs, c'est la première chose. Et la deuxième, c'est que l'on veut voir les joueurs qui ont moins de temps de jeu, parce qu'il faut qu'on se projette sur l'année. Donc on bat d'abord Lannion, puis Ajaccio, puis Reims, et là, ça change tout. Alors attention, on veut gagner tous les matchs, il n'y a pas de doute là-dessus. Mais une fois qu'on

a sorti Reims, on se retrouve en quart de finale contre Rodez, chez nous, et là on se dit qu'on a une possibilité d'aller en finale qui peut se présenter.

Donc c'est avant ce derby, qui arrive en quart de finale, que l'idée d'aller au bout est devenue vraiment crédible ?

Exactement. Là, on s'est dit, « Maintenant, il faut mettre toutes les chances de notre côté pour pouvoir gagner la Coupe de France. » Alors c'était un peu au détriment de joueurs qui voulaient probablement jouer davantage ou qui espéraient prendre des minutes sur ces matchs-là, mais on s'est dit qu'à chaque match, il fallait faire jouer l'équipe la plus adéquate possible pour nous garantir de gagner le match. Donc quand on est entrés dans le match de Rodez, les mecs étaient remontés comme des pendules, il y avait 3-0 au bout de dix minutes.

Le match d'Annecy, outre la tension, la pression et le contexte, qu'est-ce qui fait la différence ?

C'était le match le plus piégeux, parce que là, on avait beaucoup à perdre. C'était déjà le cas contre Rodez, mais là, on avait vraiment tout à perdre. Tout le monde nous parlait de la demi-finale précédente contre Guingamp en 2009. Alors, est-ce qu'on allait refaire une Guingamp ? Ce qu'il faut savoir, c'est que depuis qu'on est arrivés au club, on est en pleine transformation culturelle du TéFéCé. C'est-à-dire que quand on est arrivés, on a réuni les collaborateurs, on les a scindés par groupe de dix, et on leur a demandé : « Qu'est-ce que le TéFéCé représente pour vous ? » Un groupe nous a répondu « On veut passer de "To Lose" à "To Win". Et on a réalisé qu'en fait, l'image du club, à l'intérieur, c'était un club de losers... Donc on a mis énormément d'énergie à procéder à une transformation culturelle qui nous fasse construire une culture du succès, pas de la gagne, mais du succès. Si on gagnait à Annecy, le club disputait sa première finale de Coupe depuis 1957. Donc l'enjeu était énorme, sur le terrain et en dehors du terrain. C'est pour ça qu'il y avait une pression phénoménale. Et paradoxalement, si je peux faire un peu d'égocentrisme, à un moment, on était tellement médiocres sur cette demi-finale que j'avais même plus de pression et de stress. Dans les trente dernières minutes, je n'étais même plus stressé. Parce que je sentais qu'on ne contrôlait pas le match.

C'est-à-dire ? Le but hors-jeu de Dion en fin de match pour l'égalisation, comment l'avez vous vécu ?

Je n'ai pas vu qu'il y avait hors-jeu sur le moment, mais j'ai vu que l'arbitre de touche avait levé son drapeau. Et quand j'ai vu que le staff était calme au bord du terrain, parce qu'ils avaient parlé à la personne qui était bord terrain de BeIN Sports, je me suis dit qu'il y avait un hors-jeu. Donc c'était vraiment une journée pour l'histoire... Encore une fois, j'insiste sur ce terme. C'était une journée qui allait permettre de continuer notre cheminement dans la transformation du club. Ou être un coup d'arrêt. Pas un retour au point de départ, parce que on est quand même champions de Ligue 2 en ayant roulé sur le championnat l'année précédente, mais ça aurait quand même été un bon coup d'arrêt.

Quand vous repensez à ce scénario, vous dites-vous que les planètes étaient alignées ?

Non. Je ne crois pas du tout à ça. Ni par rapport au tirage au sort, ni à ce match. Il n'y a qu'un truc qui m'obsède, c'est la performance. Alors la performance, quand on est en finale, et comme tout le monde le dit – Philippe en premier, pour en avoir perdu deux en tant qu'adjoint et en tant que numéro 1 –, une finale, il faut la gagner.

« Le seul truc qu'on n'avait pas prévu ? Mener 4-0 en trente minutes. »

Comment avez-vous préparé la finale ?

Quand on a gagné dans la semaine avant la demi-finale à Annecy, je m'étais préparé à ce que j'allais dire aux joueurs dans le vestiaire si on gagnait. Et pour moi, c'était très clair. D'abord, il y a eu des mots forts, notamment ceux de Zakaria Aboukhlal. Puis j'ai réuni les joueurs à la fin, et j'ai dit : « Moi, j'ai joué sept finales. J'en ai perdu deux. Toutes les semaines, je ne pense qu'aux deux finales que j'ai perdues. Jamais aux cinq que j'ai gagnées. Il n'y a rien de pire, dans la carrière d'un footballeur, que de perdre une finale. Donc à partir d'aujourd'hui, vous ne devez avoir qu'une seule obsession : on va à Paris pour gagner la Coupe de France ! »

Depuis plusieurs mois, j'entendais cette petite musique qui disait que la culture du TéFéCé était de dire : « On n'est jamais allés au Stade de France, amenez-nous au Stade de France. » Donc, vulgairement parlant, j'ai dit : « J'en ai rien à foutre du Stade de France. » J'ai dit à plusieurs personnes, ici, dans le club : « Si vous voulez juste aller au Stade de France, je vous paye un week-end à Paris et vous allez voir un concert au Stade de France. Mais lâchez-moi avec le Stade de France. Il n'y a qu'un truc qui m'intéresse, c'est de gagner une Coupe de France. » C'était ça le message, et je m'y étais préparé bien avant. En fait, on a commencé à préparer toute la logistique pour la finale dès le lendemain du quart de finale. Donc, quand on a joué à Annecy, dès le lundi suivant, les hôtels étaient réservés à Paris. On savait comment on allait y aller, qui on allait emmener, etc. Toute la logistique était calée quatre jours après Annecy, et bien avant la finale. Donc on a travaillé comme on a voulu l'entendre. Déjà, avant la demi-finale, on s'était organisés : Qu'est-ce qu'on leur dit ? Qui leur parle ? Quelle attitude on prend ? Etc. La préparation de la demi-finale n'a pas été aussi drastique, parce qu'on avait décidé de traiter ce match comme un match « normal ». Il y avait déjà une pression phénoménale, pour toutes les raisons que je viens d'évoquer, donc on n'a pas voulu en rajouter. Cependant, une fois qu'on a battu Annecy, on a fait toute une préparation. On s'est dit que pour la finale, il fallait faire différemment. Donc on est rentrés à 4h du matin d'Annecy et dès le lendemain, le jeudi à 18h, on a fait une réunion au Stadium. On a créé des groupes de travail :

- Pour la logistique ;
- Pour l'approche tactique ;
- Pour tous les coups de pied arrêtés, les pénaltys ;
- Pour les changements dans les matchs ;
- Pour la préparation mentale ;
- Pour la stratégie RP.

Chaque groupe se réunissait au minimum deux fois par semaine, si ce n'est trois. Et on a préparé toute la finale comme ça. Ensuite, dans la dernière ligne droite, notre préparatrice mentale a réuni les joueurs, elle a fait des réunions avec le staff, elle a fait plusieurs réunions avec Philippe Montanier aussi. On est aussi allés voir le Stade Toulousain, on leur a demandé quel hôtel ils nous conseillaient, et ils nous ont conseillé de prendre celui qu'ils fréquentaient. Ils nous avaient également dit de faire attention à la communication entre les postes d'analystes et le banc de touche, qui est impossible. Donc on a mis pour des dizaines de milliers d'euros d'investissement en équipement audio. On a investi des dizaines de milliers d'euros pour recruter un spécialiste des pénaltys, pour la demi-finale et la finale. Résultat : on n'en a pas tiré un seul, on en a concédé deux, et on a encaissé les deux (il rigole) ! Après la finale, à Paris, j'ai dit en plaisantant : « Les gars, vous sortez, et vous allez faire une séance de pénaltys pour que j'en aie un peu pour mon argent ! » Il faut voir à quel point chaque analyste vidéo avait son travail défini, savait précisément sur quoi travailler. On a écrit un nombre de scénarii... Je crois qu'on a dû écrire vingt scénarii avant le match. Et tout le monde avait une copie. Moi, j'avais une copie sur mon téléphone. Les analystes, en

haut au Stade de France, avaient une copie. Sur le banc, il y avait un iPad avec toutes les réponses à des questions précises : Que faire si on mène ? Si on est menés ? Si on est rejoints au score ? Si on est en infériorité numérique ? S'il y a prolongation ? Etc. Le seul truc qu'on n'avait pas prévu, c'était de mener 4 à 0 en une demi-heure !

Pour comprendre à quel point on avait essayé d'absolument tout anticiper, il faut se rendre compte qu'on est allés jusqu'à « tricher » dans nos coups de pied arrêtés de Branco van den Boomen à Lorient, qu'on a affronté juste avant la finale. On a fait exprès de changer les combinaisons pour donner de fausses pistes à Nantes. En fait, en finale, on a fait l'inverse de ce qu'on a fait à Lorient. Parce qu'on savait que Nantes allait regarder ce qu'on a fait, donc on a fait l'inverse, on a tout changé. Les signes, les courses des joueurs, mais pas les départs. Et quand Logan Costa, à Lorient, part au premier poteau, sa consigne en finale, c'était : « Tu fais semblant d'aller au premier poteau, et tu restes. Le ballon va te tomber sur la tête. » Et but (il serre le poing). Celui de Dallinga, c'était aussi un but qu'on avait préparé. Donc tout ça, on l'avait préparé, et on s'était juste dit : « Si on en marque un,

c'est bien… » Sans savoir qu'on allait mettre un quatrième, puis un cinquième…

Ça vous a enlevé du stress de marquer si tôt et autant de buts ?

Non, pas jusqu'au cinquième but. À la mi-temps, le président Macron est venu me voir. On a eu un échange et il m'a demandé si c'était bon . Je lui ai répondu : « Monsieur le Président, jamais, jamais, jamais, jamais ! » Il m'a dit : « Vous ne vous détendez jamais, vous ! » À quoi j'ai répliqué : « Non, je ne peux pas me détendre ! » Au cinquième but, là, on s'est dit que c'était dans la poche. Mais à 2-0, j'ai envoyé un message aux analystes pour leur dire qu'il fallait se préparer, que Nantes allait faire un truc, qu'ils allaient changer quelque chose. En général, quand ils étaient menés, les Nantais passaient pratiquement tout le temps en 4-2-4. Ça, on l'avait prévu. Parce que dans nos scénarii, si on menait à dix minutes de la fin, on savait qu'ils allaient passer un 4-2-4, donc il fallait que l'on soit organisés. Or, ils n'ont rien changé. Et nous, comme on a enchaîné les buts, forcément, c'était plus difficile pour eux de réagir. Avant la mi-temps, à 4-0, j'ai dit aux analystes : « Il y en a un de vous qui doit rester au bord du terrain pour regarder qui va s'échauffer du côté de Nantes, parce que c'est sûr qu'ils vont changer. » Donc les changements qu'ils ont faits à la mi-temps, on les avait anticipés aussi. Ça a vraiment été une préparation millimétrée...

« Je peux vous dire que le bar, on l'a vidé. »

En décidant de monter sur Paris dès le jeudi, soit trois jours avant le match, n'y avait-il pas des craintes que les joueurs trouvent le temps long ?

Je vais vous faire une confidence (il s'arrête un instant de parler)... Comme nous avions décidé de partir dès le jeudi, effectivement, cela faisait deux longues soirées jusqu'au match. Donc j'ai beaucoup discuté avec Didier Lacroix (le président du Stade Toulousain), et je lui ai demandé comment ils faisaient pour gérer les journées et les soirées, car elles sont longues. Alors on a fait livrer un baby-foot, une table de ping-pong, etc. Cela nous a coûté des fortunes. Et finalement, personne n'y a joué ! PER-SONNE ! Parce qu'en fait, le retour des joueurs, ça a été de nous dire : « Laissez-nous tranquilles. On ne veut pas d'obligation le soir, il y aura peut-être nos familles qui vont venir nous voir, on va jouer à la PlayStation, etc. Laissez-nous dans nos bulles. » Donc on s'est organisés pour qu'ils aient des écrans, et tout ce qu'il leur fallait, à leur demande.

Ça confirmait ce que Didier Lacroix m'avait dit : « Tu sais, les joueurs, ils se gèrent. Le problème, il peut venir de vous, de l'entourage. Le stress qu'on peut leur transmettre en leur disant "Est-ce que tu vas parler au joueur, est-ce que tu as fait ça, est-ce que tu as pensé à ça, etc." » Il m'a dit : « Nous, on boit un coup. » Et je me suis dit, « Tiens, pourquoi pas... » Donc on était vingt-quatre à l'hôtel, entre le staff, l'encadrement, les dirigeants et l'équipe marketing/communication. Sans rien dire à personne, je suis allé voir le directeur de l'hôtel, je lui ai demandé de me bloquer une salle le vendredi soir avec un peu de musique. Et je lui ai dit : « Vous remplissez le bar, et vous nous laissez. » Et je peux vous dire que le bar, on l'a vidé. Avant le début de la soirée, j'ai dit aux équipes : « Écoutez, il n'y a pas d'autre solution envisageable que de gagner demain. Ce n'est même pas envisageable de ne pas gagner. En revanche, profitez du moment. On n'est pas là tous les ans. Éclatez-vous, buvez un coup, riez et déstressez-vous si vous êtes stressés. Il faut juste profiter ! Rendez-vous compte où on est, et rendez-vous compte que demain, le club joue une finale de Coupe de France. »

Vous avez mis du temps à vous rendre compte que vous aviez gagné la Coupe de France, ou vous avez toujours gardé les pieds sur terre ?

Mes filles, qui ont vingt et vingt-trois ans, n'avaient jamais vu aucune des finales que j'avais jouées. Que ce soit à Liverpool, à Tottenham, ou à Arsenal. Donc je les ai fait venir dans le vestiaire, et quand j'ai vu mes filles, Selinay (sa compagne et la responsable stratégie du TéFéCé), j'étais sous le coup de l'émotion... Je me suis assis à la place d'Ado Onaiwu et là, tout est descendu. J'étais comme en état de choc, vraiment. Je me disais : « Mais qu'est-ce qu'on a fait, putain, mais qu'est-ce qu'on a fait... » Et là, tout remonte. Les deux trophées en deux ans, la première Coupe de France en soixante-six ans, vingt-cinq mille Toulousains au Stade de France. Là, comme disent les Anglais, c'est « Think in ». Tout redescend à l'intérieur de soi, et on commence à se rendre compte de ce qui s'est réellement passé. Mais entre le cinquième but et le moment où je m'assoie dans le vestiaire, je ne touche pas terre.

Avec ces deux titres en deux ans, vous dites-vous que vous êtes « béni », ou que vous avez été pro et récompensé pour votre professionnalisme ?

Personnellement et égoïstement, je me suis dit : « Je ne crois pas en Dieu, mais les dieux du foot m'ont béni. » Personnellement. Pour que ça me tombe dessus comme ça. Mais pas sur le moment, c'était deux ou trois jours après. À un moment, je me suis dit : « Mais quelle chance tu as, quel privilège d'être président de ce club, d'avoir réussi à faire tout ce chemin en trois ans. » Mais d'un autre côté, on a tellement préparé ce truc que je me dis aussi que c'est du travail bien fait. Alors après se rajoute la réussite de marquer autant de buts en si peu de temps, mais le troisième but, par exemple, celui de Thijs Dallinga, est un témoin supplémentaire du degré d'investissement déployé avant le match. Les analystes avaient passé je ne sais combien d'heures à la vidéo à montrer la situation en images à Brecht Dejaegere et Gabriel Suazo : « Brecht, quand on sort côté gauche sur Rasmus Nicolaisen, tu attends. Lui (un joueur nantais), il va venir. Donc tu te mets entre lui et lui (deux joueurs nantais). Rasmus va te trouver. Une fois qu'il t'aura trouvé, Gabi, tu viens sur le côté parce que Ludovic Blas ne va pas se replacer et Brecht va pouvoir te trouver en une touche. » Ils ont passé des heures là-dessus ! C'était du papier à musique ! Donc la veille du match, le vendredi matin, Gabi va voir Carles Martinez Novell (alors entraîneur adjoint de Philippe Montanier), parce qu'il ne parle pas anglais, et lui demande de venir pour parler à Thijs Dallinga et bien se faire comprendre. Il lui dit : « Écoute, j'ai bien regardé la vidéo, ça va sortir de mon côté, parce que Ludovic Blas ne va jamais se replacer. Quand ça va sortir, j'ai deux solutions. Soit je te trouve dans les pieds, soit je te trouve en profondeur. Qu'est-ce que tu préfères que je fasse ? » Et là, Thijs Dallinga lui répond : « Si je fais ça, avec les doigts (il imite une direction avec les mains), tu me la mets là. Et si je fais ça (il imite une autre direction), tu me la mets en profondeur. » Résultat : Brecht sort le ballon, Thijs lui fait ça (une des deux directions), Gabi lui met le ballon en profondeur, but de Dallinga.

Donc je peux être béni des dieux du foot, moi personnellement, mais les mecs, ils ont travaillé... Ils ont beaucoup travaillé, c'est incroyable. Et tout le club a travaillé, je n'ai jamais vu ça ! (Il insiste) Je n'ai jamais vu ça… Le travail qu'on a fait pour faire venir les familles, aussi… On a minuté l'arrivée des familles au stade, on a montré aux joueurs, la veille, où elles seraient assises. Vous ne pouvez pas savoir le niveau de détail dans lequel on est entrés, tout ce qu'on a pris en compte. C'est incroyable.

« On a amené toute l'Occitanie à Paris ou quoi ?»

C'est le match que vous avez le plus préparé de toute votre vie ?
Bien évidemment. Je vais prendre l'exemple de la finale disputée avec Tottenham contre Chelsea en Coupe de la Ligue, en 2008. On l'avait énormément préparée, mais pas autant. À l'époque, Tottenham n'avait plus disputé de finale depuis 1991. Et il faut bien comprendre que le phénomène qu'il y a, quand on joue en Angleterre, c'est Wembley. Qui est le temple du foot mondial, et qui peut peser sur les joueurs britanniques. Donc ça me causait du souci, parce qu'on avait une équipe très jeune et très britannique. Des clubs comme Liverpool ou Arsenal, qui jouent des finales tous les ans d'une certaine manière, n'ont pas la même approche. Donc pour cette finale de Coupe de France, je me suis vraiment projeté sur une configuration comme pour Tottenham en 2008. Pas de finale depuis 1991, pas de trophée depuis 1991, une équipe jeune, etc. Il y avait des similitudes avec le TéFéCé. Et dans mon bureau, je me suis dit : « Il faut que je fasse des trucs différents, que j'apporte mon expérience, mon calme, ma réflexion, ma stratégie. Et mon rôle, c'est de décider et de trancher. » Donc en fait, j'ai fait passer les messages, les directions. Et tout le monde a bossé, de manière incroyablement minutieuse. Ce que notre Team Manager (Seiji Rose) et notre Player Liaison Officier (Léonie Caubet) ont fait pour les familles, c'est incroyable. Parce que, par expérience, je sais que tu peux perdre une finale si tu te plantes dans l'accompagnement des familles. Je savais que si on se trompait dans les places, dans le transport, dans l'hôtel, etc., on perdait la finale. Ça a été une obsession, les familles. Parce que si ça se passe mal, les familles parlent aux joueurs, les joueurs sont inquiets, et ce n'est pas bon ! C'était devenu une obsession. »

C'est la réussite du modèle de la data aussi, quand on voit que Thijs Dallinga est buteur, que Logan Costa est buteur, que Kjetil Haug est dans les buts durant toute la compétition. Cela donne encore plus de crédit à cette brique que vous avez amenée ?
Quand j'ai contacté un consultant pour les pénaltys, il m'a dit : « À quoi bon, vous avez déjà la data ? » J'ai répliqué : « Certes, mais ce qu'on n'a pas, c'est ton expertise sur un plan psychologique. » On a travaillé le body language de Philippe (Montanier) s'il y avait des pénaltys. Où est-ce qu'on devait se mettre, comment on se réunissait, comment nos joueurs devaient se positionner. Il faut voir les détails dans lesquels on est allés pour tirer les pénaltys. Tous nos coups de pied arrêtés sont analysés par la data. Nos forces et nos faiblesses, ainsi que les forces et les faiblesses de l'adversaire. Donc en fait, la data fait tellement partie de notre culture,

de notre environnement et de nos processus de travail que ce n'est pas la victoire de la data plus qu'autre chose. C'est que la data, elle est en nous, en fait. Elle est dans notre ADN. Comme notre style de jeu, qui est également défini par la data. Donc elle est partout.

Vingt-quatre mille supporters d'affluence moyenne au Stadium, dont treize mille abonnés la saison dernière (plus de dix-sept mille cette saison), vingt-huit mille supporters à Paris lors de la finale, la communion au Capitole le lendemain du titre. Comment expliquez-vous un tel renouveau entre le foot et Toulouse ?
Je ne sais pas pourquoi les gens vont dans le foot, ni pourquoi les autres présidents et dirigeants font le boulot qu'ils font. Mais moi, je ne le fais que pour une seule raison, c'est partager le bonheur que me procure le fait de vivre de ma passion, de travailler dans le foot. Je ne cherche qu'une chose, c'est de le transmettre aux supporters. C'est pour ça que je suis obsédé par la qualité de jeu. Parce que je ne veux pas que les gens viennent et « s'ennuient » au Stadium, pour ne pas employer un autre mot. Et le respect que je dois à notre communauté et nos supporters, c'est faire en sorte qu'il y ait du spectacle quand ils viennent au match au Stadium, à l'extérieur, en finale d'une Coupe de France, etc. Je ne fais ce boulot que pour donner du bonheur à ces gens. Alors, quand je suis sur l'A1 à Paris, que je vois les sourires et les gens qui klaxonnent avec des plaques d'immatriculation du 09, du 11, du 12, du 31, du 32, du 46, du 65, du 81, du 82... je me dis : « Mais on a amené toute l'Occitanie à Paris, ou quoi ? » Quand on est sortis de l'A1, avant le match, et qu'on est descendus dans la rampe d'accès au Stade de France, on a vu des milliers de personnes, toutes en violet, ça chantait, ça criait, tout ça. Sur le parvis aussi, il y avait encore des milliers de supporters du TéFéCé. Tout le monde souriait, tout le monde était dans l'allégresse. Là, ça nous a donné une force phénoménale. Je me souviens du visage des gens dans les tribunes. Tout ce virage Sud violet ! Quand on est repartis du stade, il restait des petites grappes de supporters. Les gens qui pleuraient, le bonheur, les enfants, tout ça, c'était magique, magique... Le lendemain, quand on a atterri à l'aéroport de Blagnac, on a appris que la sécurité a été contrainte de fermer le Capitole, et qu'au moins dix mille personnes ne pourraient pas rentrer sur la place. Là, je me suis dit : « On est arrivés à quelque chose de très grand ! » Et du boulevard de Strasbourg jusqu'au Capitole, il y avait du monde partout, parce que tous les gens ne pouvaient pas rentrer. On est une société d'entertainment. Le foot, c'est une société de divertissement. On est tous là pour donner du bonheur aux gens. Donc quand je vois tout ça, c'est tout simplement extraordinaire.

Et le plus dur commence, ou recommence ?
Le plus dur, c'était quand on avait un point après trois matchs, la première saison de Ligue 2. On perd, ici, à Toulouse contre Dunkerque. On prend cinq buts à Grenoble. On fait nul contre Sochaux, au Stadium et on était contents de ne pas perdre trois matchs d'affilée. Croyez-moi, ça, c'est le plus dur. Le reste après, on gère.

CHAPITRE 3

UN PARCOURS MAÎTRISÉ

LANNION-AJACCIO - REIMS - RODEZ

32ème de finale

LANNION FC-TOULOUSE FC, POUR VAINCRE LE SIGNE INDIEN

Pour un club professionnel, il est rarement plaisant, et même plutôt déshonorant, de se faire éliminer de la Coupe de France par un club amateur. Et, c'est presque une tradition, chaque édition offre son lot de héros merveilleux, et, naturellement, de dindons de la farce. Depuis plusieurs saisons, le TéFéCé avait pris l'habitude de ce costume, de faire les gros titres des rubriques dédiées aux surprises de la compétition. La saison précédente au titre, c'est Versailles (National 2) qui s'était offert le scalp des Violets. Un club qui n'avait d'amateur que l'échelon, mais tout de même. À cette époque, l'élimination n'avait pas vraiment grisé les mines toulousaines, qui faisaient les yeux doux à l'élite, qu'ils cherchaient à rejoindre après un premier rendez-vous manqué, plutôt qu'à Dame Coupe. Ça tombait bien, puisque ça faisait un moment que l'histoire entre la Coupe de France et le TéFéCé n'était plus une idylle, et que ça n'était pas parce que l'un fuyait que l'autre le suivait. Les éliminations contre Rumilly-Vallières (N2, quart de finale 2021, 0-2), Saint-Privé/Saint-Hilaire (N2, 32ème de finale 2020, 0-1), Moulins (CFA, 16ème de finale 2014, 1-2) ou encore l'affront subi contre les Alsaciens de Schiltigheim (CFA 2, 1/8ème de finale 2003, 0-3) sont là pour le rappeler. Alors quand le tirage au sort des 32èmes de finale réserve l'équipe de Lannion, pensionnaire de National 3, au TéFéCé pour son entrée en lice, la question de savoir si le signe indien va refaire son apparition ou pas se pose dès le début d'une épreuve qui n'était pas identifiée comme un objectif. « En étant tout à fait honnête, notre premier objectif au début de la compétition, c'est de gagner les matchs qui se présentent, pose Damien Comolli.

Et le deuxième objectif, c'est de nous permettre de voir les joueurs qui ont moins de temps de jeu, parce qu'il faut qu'on se projette sur l'année. Donc quand on va jouer contre Lannion, on y va pour se demander : "Kjetil Haug, qu'est-ce que ça va donner ?" »

Sans en faire un objectif annoncé, Damien Comolli ne veut certainement pas bouder une compétition qui peut – il s'en rendra compte – réserver des surprises et accompagner le projet global qu'il installe depuis près de trois ans. Les échecs des deux précédentes tentatives sous l'ère RedBird Capital Partners n'ont jamais sapé ses ambitions. Et elles n'ont certainement pas mis de l'eau dans un moulin qui voudrait que l'histoire entre le TéFéCé et la Coupe de France soit impossible. « Ce qu'on avait à l'esprit, c'est que l'année d'avant, on avait perdu contre Versailles, chez nous. Et qu'en 2021, on avait perdu contre Rumilly-Vallières à Annecy. Mais cette année-là, ce n'était pas le même staff, pas le même coach, beaucoup de joueurs n'étaient pas là parce qu'on avait tous le Covid-19. Ce jour-là, j'ai attrapé le Covid et j'ai passé une semaine en soins intensifs. Et on a perdu cinq ou six joueurs supplémentaires à cause de ça. C'était un cauchemar. Donc l'élimination face à Rumilly-Vallières, c'était un épiphénomène dans une saison où on était absolument obsédés par la montée. Contre Versailles, l'année suivante, on a perdu un match domicile. Ça arrive. Je n'étais pas catastrophé du tout. En revanche, ça m'a permis de constater qu'à l'intérieur et dans l'environnement du club, les gens étaient très déçus. À tel point que le soir, j'ai envoyé un message sur les différents groupes WhatsApp du club en leur disant : "Écoutez, voyons la big picture (la photo globale). On a perdu ce match, j'aurais préféré gagner et aller en demi-finale, mais c'est comme ça. Le plus important c'est la montée." Donc on l'a digérée facilement, parce qu'on avait un objectif tout aussi prenant qui nous attendait, qui n'était pas seulement la montée en Ligue 1, mais le titre de champion de France. Et je n'ai pas été traumatisé par les parcours précédents, parce que je ne sais même pas ce qui s'est passé avant que j'arrive. Ça appartient au passé, pas à l'avenir, vers lequel on regarde. Donc on ne l'a jamais pris en considération. Le seul mot d'ordre, sur les premiers tours, c'était de se dire : "Il faut être professionnels, il faut s'appliquer, faire la différence rapidement, conserver notre identité de jeu, etc." »

Comme un premier signe du destin, c'est à Guingamp, sur l'impeccable pelouse du stade de Roudourou, que s'est disputée la rencontre face à Lannion, pour des besoins d'accueil. Loin des gazons hirsutes, imprévisibles et sans pitié des stades d'équipes amateures. Des conditions de jeu idoines et professionnelles qui ont naturellement permis aux Toulousains de déployer un jeu alléchant, qui commençait à faire leur réputation depuis plusieurs mois. Et de se rendre le match plus facile que s'ils l'avaient disputé sur ce traquenard de stade René Guillou de Lannion, aux allures forcément plus piégeuses. Appliqués, les Violets ne mettront qu'une mi-temps à prendre le match à leur compte, comptant jusqu'à cinq buteurs différents (Naatan Skyttä, Yanis Begraoui, Thijs Dallinga par deux fois, Veljko Birmancevic, Stijn Spirings. Damien Boisvilliers a marqué contre son camp). Le match vire à la formalité pour le TéFéCé (7-1) et permet à La Dépêche du Midi de se fendre d'un subtile « Jeu, "sept" et match ! » au retour de ce déplacement en Bretagne. « Le score est peut-être lourd, mais cela prouve que les pros ne nous ont pas pris à la légère », analysait Rémy Le Bourdoulous, le coach lannionais, après la rencontre, notant le respect dont avaient fait preuve les Violets. Mais c'était en réalité plus que ça. Ce succès inaugural posait les jalons d'une ambition que Philippe Montanier tenait alors pour secrète, soucieux d'être non seulement sérieux dès ce premier rendez-vous mais aussi de réaliser ce qu'il avait annoncé à ses joueurs quelques jours plus tôt : l'envie de faire quelque chose lors de cette édition de Coupe de France. « L'année dernière, on avait démarré à Libourne, qui était en National 3, et on s'était qualifiés aux pénaltys, rembobine Philippe Montanier. On n'avait pas d'objectif de la part du club, parce que c'est difficile à programmer un succès en Coupe, ça dépend du tirage, il y a beaucoup de paramètres. Par contre, on se disait que ça serait quand même bien de faire quelque chose en Coupe, et on savait que ce premier match allait donner le ton. Le fait de se retrouver à Guingamp, sur un superbe terrain, a tout de suite donné envie aux joueurs de prendre du plaisir. Ça a permis de mettre un degré d'exigence différent d'un premier tour dans des conditions plus amateures. En se disant que tout était réuni, et que, maintenant, il fallait partir du bon pied. »

« Ç'AURAIT ÉTÉ DIFFÉRENT SUR UN TERRAIN PLUS COMPLIQUÉ. »

Rémy Le Bourdoulous, l'entraîneur de Lannion, revient sur ce premier match du Toulouse Football Club et évoque la finale remportée par le TéFéCé : « Dans la préparation du match, j'avais abordé avec les joueurs les difficultés qu'avaient rencontrées les Toulousains face à des "petits" les saisons précédentes, même si j'avais mis l'accent sur le fait que ce n'étaient plus les mêmes joueurs. L'idée, c'était de dédramatiser l'évènement pour mes joueurs, et qu'ils démarrent la semaine de préparation avec l'idée que l'exploit était possible. »

Bien sûr, le score dit beaucoup du chemin qu'il restait à parcourir pour renverser le champion de Ligue 2 en titre. La notion de respect, souvent invoquée face à des tableaux d'affichage aussi déséquilibrés, peut même paraître hors contexte, voire déplacée. Rémy Le Bourdoulous, lui, s'en défend. « Il y a deux choses. La première, c'est que nous avons un profil d'équipe qui a un point en commun avec cette équipe de Toulouse, nous aimons avoir le ballon. On a des bons joueurs de football pour notre niveau (National 3), et la réputation d'être une équipe joueuse. J'avais observé les matchs du TéFéCé, et je me suis rendu compte que nous avions la même philosophie de jeu.

Deuxièmement, il y avait le contexte du match, et l'adversité aurait peut-être été différente sur un terrain un peu plus compliqué que celui de Guingamp, que nous avions proposé pour cette rencontre. D'ailleurs, Philippe Montanier nous avait remerciés de lui avoir proposé une pelouse de qualité. Ils étaient dans les meilleures conditions possibles pour exprimer tout leur potentiel. »

Observateur averti, surtout à postériori, du talent offensif du TéFéCé, Rémy Le Bourdoulous a pourtant été étonné de voir les Toulousains toujours aussi offensifs, même en finale de Coupe de France : « J'ai été très surpris, effectivement. Surpris, surtout, par le non-match et le hors sujet des Nantais. C'est complètement inédit de voir une finale de Coupe de France qui est pratiquement pliée à la demi-heure de jeu ! D'autant plus que cela aurait pu être une finale déséquilibrée, avec un écart de niveau ou la difficulté de gérer un tel évènement pour les Toulousains. Les Nantais étaient tenants du trophée, on ne peut pas dire qu'ils découvraient le Stade de France. Donc on pouvait s'attendre à une opposition bien plus serrée que celle que l'on a vécue ! Mais le TéFéCé a vraiment bien abordé l'entame de match en étant réaliste et efficace. C'est aussi ça leur ADN. »

16ème de finale

TOULOUSE FC-AC AJACCIO L'EFFET PAPILLON DE LA COUPE DU MONDE

Certains trouveront ça un peu capillotracté, mais le TéFéCé doit certainement une partie de son sacre à la Coupe du Monde au Qatar, qui s'est disputée des portes de l'automne à celles de l'hiver de cette même saison 2022-2023. Comme une sorte d'effet papillon imperceptible à l'époque, mais peut-être pas étranger au parcours des Violets à l'arrivée.

L'organisation du plus grand évènement sportif mondial pendant les fêtes n'a pas érodé les envies de la Ligue de Football Professionnel de maintenir son traditionnel « Boxing Day ». D'habitude réservé à la période de Noël, c'est cette fois-ci à l'approche de la Saint-Sylvestre que les amoureux de Ligue 1 ont pu retrouver leur série favorite, dans un contexte qui fleurait bon le vin chaud, les clous de girofle et la cannelle. Certainement le meilleur remède, d'ailleurs, pour digérer les repas interminables, et l'amertume des récents souvenirs de football international. Voilà comment Toulouse s'est retrouvé sur la pelouse du Stade Vélodrome un soir de 29 décembre, pour une reprise post-Coupe du Monde à donner envie, au mieux, de retourner se coucher, au pire, d'arrêter définitivement de suivre le football pour cette année 2023. Pas que les Violets soient venus à Marseille pour le climat, mais la claque reçue (6-1) en dépit des velléités offensives affichées avait sérieusement de quoi démotiver. Au cœur du vestiaire toulousain, abattu et renfermé sur lui-même après la défaite, c'est l'instant qu'a choisi Damien Comolli pour livrer, à ses joueurs et son staff, un discours qui aura forcément eu un écho particulier pour la suite de l'aventure. « On est tous ensemble. Peut-être que vous allez penser que je suis con ! Que je suis fou ! Mais je n'ai pas de problème avec la manière dont on a joué jusqu'à 4-1. Ok, 5-1, 6-1… je déteste ça, et vous aussi. Mais regardez le positif ! Croyez en ce que vous faites. Parce qu'on a raison ! Le coach a raison. Le staff a raison. Le club a raison. Et vous avez raison. Et dimanche, ce sont encore vingt-deux mille personnes qui vont venir faire la fête, vous encourager, nous voir gagner et nous voir jouer comme on l'a fait en première mi-temps. On va changer le cours des choses. Là, on oublie. Pensez aux erreurs que vous avez faites, et dimanche, on bat Ajaccio. »

Ce discours, les joueurs l'ont entendu. Mieux, ils l'ont pris à la lettre. Et ils commencent l'année par un succès 2-0 au Stadium face à… l'AC Ajaccio, le 1er janvier, au terme d'un match qui dit tout de l'état d'esprit des Violets après le naufrage à Marseille. L'ironie du sort, c'est que cette affiche sera exactement la même trois

semaines plus tard, une fois le tirage des 16èmes de finale de Coupe de France effectué. Et quand le spectre du « match piège » refait son apparition, Damien Comolli réinjecte une grande dose de pragmatisme, au sein des troupes. « Les Anglais appellent ça “professional performance”, il faut faire “une performance professionnelle”. Et ça veut dire ce que ça veut dire. Que vous affrontiez un adversaire soi-disant plus faible, il faut l'aborder avec sérieux, professionnalisme, en le respectant, en respectant également notre performance, notre plan de jeu, notre style de jeu, notre identité, nos spectateurs. Et Ajaccio était vraiment dans une période difficile, parce que jusqu'à la trêve de la Coupe du Monde, ils tournaient bien, puis ils ont un peu plongé, et ils sont venus ici avec beaucoup de blessés. Donc c'était une équipe très remaniée. Et à cette période, à domicile, on avait une espèce de confiance en nous. On a gagné tellement de matchs sur les deux années de Ligue 2, puis la première partie de saison de Ligue 1, qu'il y avait une confiance qui se dégageait sur les matchs à domicile. »

Pour ce deuxième match de Coupe de France, au cœur d'un mois de janvier aux jours aussi longs qu'un dégagement du pied gauche, Philippe Montanier accorde sa confiance à Kjetil Haug, le gardien norvégien, déjà intronisé dans les buts face à Lannion « Parce que Kjetil Haug, au départ, il vient pour être un numéro 1. Et en réalité, ce n'est pas un numéro 2, c'est un numéro 1 bis, et la Coupe de France va être sa compétition pour bien s'intégrer à l'équipe et montrer ses valeurs. Je savais bien qu'il avait toutes les qualités pour que ce soit sa compétition, et qu'il puisse montrer tout ce qu'il montre à l'entraînement. »

Ça tombe bien, Kjetil Haug n'a strictement rien eu à montrer, puisqu'il n'a strictement rien eu à faire pendant le match. Sauf constater, peut-être, que les secondes étaient aussi frigorifiques que le mercure – c'est un comble – qui stagnait trois degrés en dessous de zéro. La chaleur viendra après l'heure de jeu, d'un but de Zakaria Aboukhlal, imité, trois minutes plus tard, par Rafaël Ratão.

La délivrance de l'international marocain face à Ajaccio avait tout d'un symbole. Convoqué avec les Lions de l'Atlas pour participer à la Coupe du Monde, il est victime d'une blessure face à Rennes, juste avant de rejoindre sa sélection. Le soutien du club, de ses coéquipiers et le travail du staff médical lui ont permis de se rendre in extremis au Qatar, où il atteindra les demi-finales de la Coupe du Monde face à la France. Marquant, avant ça, un but libérateur face à la Belgique pour assurer le succès du Maroc en phase de poules. Un Mondial de rêve pour celui qui avait rejoint le TéFéCé à l'intersaison précédente. Et qui n'aura, dès lors, qu'une idée en tête : rendre au club et à ses coéquipiers toute la force et le soutien qu'ils lui ont apportés. Sa contribution prendra forme dès le 16ème de finale face à Ajaccio. L'histoire raconte qu'il multipliera, tout au long de la compétition, les marques de reconnaissance et les témoignages d'affection…

8ème de finale

TOULOUSE FC-STADE DE REIMS : TOULOUSE FOOTBALL CLUB MANAGER

Jusqu'ici, tout allait bien. Mais depuis son arrivée à la tête du Stade de Reims, Will Still est irrésistible. Son équipe ne perd plus et produit un football à faire envie aux plus dégarnis des coachs européens. Sa chevelure rousse, son anglais parfait alterné à un français aux accents belges et son franc-parler font rapidement de lui un coach médiatisé et intriguant. Mais pas autant que la façon dont il fait jouer son équipe, et sa manière nouvelle et rafraîchissante de vouloir casser les codes en permanence. À l'image des causeries, qu'il a pris l'habitude de faire dans le rond central des pelouses qu'il terrasse après le coup de sifflet final. Alors, après un accroc sur la pelouse du stade de l'Abbé-Deschamps à Auxerre (0-0), il convoque ses joueurs au milieu du terrain. Et les remobilise, d'un discours motivant à plus d'un égard : « On va à Toulouse les fracasser, hein ! » Cette séquence, captée par les caméras du diffuseur Prime Video, aura certainement eu l'effet inverse de celui escompté par le coach du Stade de Reims. « Je pense que Philippe s'en est servi, effectivement, d'après ce que j'ai vu comme tout le monde dans un document inside sur notre parcours en Coupe de France qu'on a publié, reconnaît Damien Comolli. Mais de toute façon, au niveau des entraîneurs, ils sont tous très expérimentés, tous très malins, donc ils vont tirer toutes les ficelles sur lesquelles ils peuvent tirer. Mais ce n'est pas ce qui a déclenché la qualité du match qu'on a fait. On voulait juste faire un bon match, être le plus sérieux possible dans notre approche, respecter notre identité de

jeu. » Philippe Montanier le sait, cette déclaration est une aubaine, tant il faut se réinventer chaque semaine pour renouveler le stock de causeries d'avant-match. « C'était du pain béni. Quand vous avez un entraîneur adverse qui dit qu'ils vont nous fracasser, je n'ai même pas besoin de faire de discours. J'ai juste à passer le discours du coach adverse et l'essentiel de la causerie est fait, même si c'est une équipe qu'on craint beaucoup parce qu'elle a énormément de qualités, comme elle a pu le démontrer. Elle était sur une série de victoires impressionnante. On a fait preuve d'un grand réalisme offensif qui nous a permis de nous qualifier. Et le fait d'éliminer Reims, qui était vraiment une très bonne équipe, m'a montré qu'on avait du répondant et qu'on était prêts à faire une épopée. »

Difficile de mesurer à quel point ce discours a pu donner un supplément d'âme aux Violets, ni même inhiber les Rémois et leur coach, qui avait commencé à sentir, dans la semaine, que la situation pouvait se retourner contre lui. Mais le constat, c'est que Toulouse, qui a aligné une équipe qui ressemblait à celle alignée en championnat, a pris ce match par le bon bout, et proposé l'un de ses meilleurs footballs de la saison, entre des actions parfaitement exécutées et un jeu combiné, dans un Stadium plein à craquer et tout acquis à sa cause. Et c'est certainement à l'heure de jeu, alors que le TéFéCé menait 3-0 face à une formation invaincue depuis quatorze matchs, toutes compétitions confondues (sept victoires, sept matchs nuls), que Will Still a dû sentir le vent tourner. Quand le Stadium, comble et taquin, s'est mis à chanter « On les fracasse, on les fracasse... », accompagné par des écrans géants qui avaient bien du mal à rester neutres et innocents, fiers d'afficher un score qui terminera à 3-1. « C'est à ce stade de la compétition que je commence à me dire qu'il faut mettre l'équipe qui me semble être la plus performante du moment. On sait très bien que derrière, c'est l'accession au quart de finale, et cela validerait déjà un bon parcours en Coupe. Donc c'est à partir de ce moment-là, on s'est dit : “Bon, là si on passe, il peut se passer quelque chose.” »

Il faut dire que pour joindre les actes à la parole, Philippe Montanier avait commencé à mettre le couvert. Pour la première fois dans la compétition, le technicien toulousain confirmera Kjetil Haug dans les buts et Logan Costa en défense centrale. Associé, cette fois, à Anthony Rouault, derrière d'autres titulaires habituels en championnat : Branco van den Boomen, Stijn Spierings, Thijs Dallinga, Zakaria Aboukhlal et Farès Chaïbi. Le chilien Gabriel Suazo découvre la Coupe de France au poste de latéral gauche après le départ d'Issiaga Sylla à l'intersaison, et la recrue suisse Vincent Sierro remplace Brecht Dejaegere au pied levé, forfait après l'échauffement. Sans faire offense au reste du groupe, la revue d'effectif du match face à Lannion semble bien loin. Cette fois, Damien Comolli veut mettre la machine en marche. Conscient que dans cette édition, qui voit deux prétendants – Marseille et Paris – s'affronter au même stade, mieux vaut éviter les regrets : « On bat Lannion, on bat Ajaccio, on bat Reims,

Inter
marché

et là ça change. Alors attention, à chaque fois, on veut gagner les matchs, il n'y a pas de doute là-dessus. Mais une fois qu'on a sorti Reims, on se retrouve en quart de finale et là on se dit qu'on a une possibilité d'aller en finale. Vraiment, c'est là. C'est Reims, d'une certaine manière, qui nous a fait dire : "On peut gagner." » Et le président toulousain de poursuivre sur cette anecdote tirée d'un échange, quelques jours plus tard, avec Jean-Pierre Caillot, son homologue rémois, lors du match de championnat qui opposait à nouveau les deux équipes dans une rencontre qui a largement tourné à l'avantage de Reims (3-0). « L'anecdote, c'est que j'ai parlé de cette volonté d'écrire un parcours en Coupe de France avec Jean-Pierre Caillot après le huitième de finale. Il m'a dit : "Écoute, j'aimerais être à ta place." Je lui ai répondu que j'aimerais être à la sienne au classement ! Il m'a dit : "Oui, mais j'aimerais être à ta place quand vous serez au Stade de France... " Et il m'a appelé le lendemain du match où on a battu Rodez au tour suivant, et m'a dit : "J'étais sûr que vous alliez tirer Rodez ! On sentait que vous alliez prendre Rodez au tirage. Et je pense que tu vas aller au bout." »

Quart de finale

TOULOUSE FC-RODEZ AVEYRON FOOTBALL UN DERBY POUR UNE DEMIE

Il faut remonter dans le temps pour retrouver trace d'un derby, dans le sens régional du terme, disputé par le TéFéCé en Coupe de France. Posons la question à Anthony Rouault pour savoir s'il s'en souvient, mais ça semble tout de même peu probable, dans la mesure où il avait à peine cinq mois à l'époque. C'était en octobre 2001, face à Auch (CFA 2). Le Toulouse Football Club, fraîchement sauvé par Olivier Sadran, évoluait alors en National. La victoire 2-1 face au voisin auscitain n'empêche pas le TéFéCé d'être fidèle à sa réputation d'antan un tour plus tard, puisqu'un nouveau derby, toujours à l'échelle régionale stricto sensu,

voit les Violets être éliminés de la compétition face à Blagnac (CFA 2) au sixième tour. Depuis, plus rien. À tel point que la notion de derby avec le voisin ruthénois est toute relative et ne trouve qu'un écho modéré chez les supporters, qui réservent les grands mots (et parfois les autres) au rival bordelais lors de joutes pour la Garonne. Qui, elle, a choisi son camp et se pare de ses plus beaux reflets violets lorsqu'elle borde le Stadium.

Qu'importe, toute vérité rétablie, c'est cette fois Rodez qui se présente sur l'île du Ramier, avec l'opportunité d'accéder au dernier carré d'une compétition qui commence à mettre l'eau à la bouche de toute la capitale d'Occitanie. Le genre de défi entre deux voisins qui se respectent mais qui a dernièrement vu le « petit » ruthénois plus que chahuter le « grand » TéFéCé lors de leurs récents échanges en Ligue 2 BKT (une victoire en quatre matchs de championnat pour le TéFéCé). Cela fait longtemps que le RAF a arrêté les complexes d'infériorité, et il prend même un malin plaisir à mettre des bâtons dans les roues des Haut-Garonnais, freinant la course pour la montée des Violets en 2021, et retardant leur sacre l'année suivante. Sans aucune once de pitié. Mais cette fois, le contexte est différent. L'enjeu est trop grand. La situation des ruthénois est fragile, eux qui luttent ardemment pour leur maintien en deuxième division. Le match est programmé un mercredi à 18h45, mais l'occasion de regoûter, pour la première fois depuis 2009, à une demi-finale de Coupe de France remplit malgré tout le Stadium pour la deuxième

fois de la saison, après la réception du PSG. L'engouement populaire des Toulousains et des Aveyronnais est total. C'est un Stadium des grands soirs qui se prépare. « Ce qui m'a sidéré sur ce match-là, et c'est là qu'on comprend que les choses ont changé au sein de notre communauté, c'est de faire un guichet fermé contre une équipe de Ligue 2, avec tout le respect que j'ai sincèrement pour Rodez, reconnaît Damien Comolli. Il y avait peut-être deux mille cinq cents Aveyronnais, mais il y avait quand même trente mille Toulousains. Donc là, je me suis dit qu'on tenait quelque chose. Pas seulement pour une épopée de Coupe de France, mais sur la progression du club de manière générale. Ensuite, on avait beaucoup de pression, parce que c'était un match à domicile contre une équipe de L2, et si on gagnait, on était en demi-finale. Et on voyait bien qui se rencontrait en face. Sur ce tour, il y avait Nantes-Lens, donc ça faisait encore une équipe de Ligue 1 en moins pour la suite. Il y avait Marseille-Annecy également. Donc on a eu beaucoup de pression par rapport au résultat. Mais les joueurs sont rentrés là-dedans avec une énergie, avec de la discipline, dans le respect de ce qu'on sait faire. Et au bout de cinq minutes, j'ai dit “C'est bon”. Rien qui pouvait nous arrêter ce jour-là. Je me souviens, Ugo Mola et Didier Lacroix (respectivement entraîneur et président du Stade Toulousain) étaient assis juste à côté de moi avec leurs fils. Au bout de cinq minutes, Ugo m'a dit : “Ça va, tes mecs sont dedans, il n'y a pas de problème.” Et j'ai trouvé la réflexion intéressante. Puis, je pense toujours à nos supporters, à notre communauté et je déteste décevoir les gens et me dire qu'on aurait pu perdre ce match alors qu'on était à guichet fermé. Ça aurait été une déception immense pour notre communauté, donc ce n'était pas envisageable. »

Avec leurs parcours respectifs en Coupe de France, Toulouse et Rodez enchaînent les matchs depuis la reprise post-Coupe du Monde. Pas de quoi inquiéter les deux entraîneurs, Philippe Montanier et Didier Santini, qui ont reconnu que leurs joueurs préféraient disputer un match tous les trois jours plutôt que des séances d'entraînement quotidiennes. Et si Rodez patine sérieusement en championnat (le RAF se sauvera lors de la dernière journée en remportant le match sur tapis vert… à Bordeaux), les Aveyronnais sont tenaces depuis leur entrée dans la compétition, forts de deux performances à Monaco (2-2, victoire aux tirs-au-but) et à Auxerre (3-2).

Le TéFéCé a eu tout Just !

Ce parcours des Ruthénois incite à un peu de prudence pour Philippe Montanier : « On a beaucoup insisté sur leurs performances aux tours précédents. On a passé des images de Rodez à Monaco, puis de Rodez à Auxerre pour leur dire qu'en fait, on ne jouait pas une Ligue 2, on jouait une équipe qui avait battu Monaco et Auxerre à l'extérieur. Donc les joueurs étaient conscients que ça allait être très difficile et qu'il fallait démarrer très fort pour que le public et le stade, qui était plein, soient avec nous et que ça mette Rodez en difficulté. On a eu du mal face à eux les saisons précédentes en Ligue 2. Donc il y a un vrai respect. D'autant que leur entraîneur, Didier Santini, est un

ami. Donc il y a un vrai respect de l'adversaire et la conscience de se dire que, si on n'est pas bons, Rodez fera ce qu'ils ont fait à Monaco et à Auxerre. Donc nous, notre objectif, c'était de démarrer fort le match et montrer qu'on allait jouer à notre meilleur niveau. Il y avait un vrai défi, qui était déjà de commencer à écrire une petite page de l'histoire du club en entrant dans le dernier carré de la Coupe de France. »

Qu'à cela ne tienne. La composition de départ du technicien toulousain donne déjà des idées sur les intentions, et n'est pas une surprise après le match disputé face à Reims au tour précédent. Elle est faite des titulaires habituels, l'on y retrouve Kjetil Haug dans les buts et le défenseur Logan Costa à la place d'Anthony Rouault, les deux seuls joueurs à vraiment bénéficier de temps de jeu sur cette compétition. Pas de quoi déséquilibrer quoi que ce soit. Les doutes autour de cet épouvantail ruthénois sont vite estompés et la rencontre tourne au festival. Les Toulousains inscrivent trois buts en dix minutes (Aboukhlal, van den Boomen, Dallinga) puis Chaïbi et Suazo portent le score à 5-0 à la pause. L'affaire est pliée. Certainement le plus bel hommage possible à la mémoire de Just Fontaine, lui, l'ancien attaquant et recordman des buts marqués sur une Coupe du Monde en 1958, Toulousain de cœur et de résidence, qui s'était éteint quelques heures avant ce derby. Difficile de lutter pour les hommes de Didier Santini tant le TéFéCé a su faire parler ses qualités habituelles de transmission, de vitesse et de profondeur pour l'emporter 6-1. « J'ai eu l'impression de voir des gamins de quinze ans jouer contre des adultes, », dira l'entraîneur ruthénois. Surtout contre des joueurs bien décidés à faire briller l'institution, rayonner le club, et inscrire leur empreinte dans l'histoire de la quatrième ville de France et de son club de foot. Portés par l'aura, la quête et l'obsession de Branco van den Boomen. « Quand il y a un joueur comme lui, qui est formé à l'Ajax, qui arrive de De Graafschap, qui n'est pas plus Toulousain que je suis d'Amsterdam et qui te dit : "Toulouse c'est ça !" quand on gagne avec nos valeurs, ou "Ça, c'est pas Toulouse, on ne s'est pas respectés, on n'a pas respecté notre identité !" les jours où ça s'est moins bien passé, ça veut dire qu'à chaque match, les joueurs regardent si on s'est respectés, si on a respecté nos valeurs, notre club, notre communauté et notre identité de jeu, admire Damien Comolli. Et quand ce message-là, il ne vient pas de l'entraîneur, pas du dirigeant, pas du staff technique, mais de l'intérieur du groupe, des joueurs, des leaders, ça veut dire que vous avez gagné. Parce que ça signifie qu'en trois ans, on a créé une identité tellement forte dans le jeu et dans les valeurs, que ce sont les premiers à vouloir imposer ces valeurs-là. Alors après, on gagne, on perd. Mais s'ils perdent, ils veulent avoir perdu en ayant respecté notre identité. On est entrés en Coupe de France en se disant qu'on doit respecter notre identité, et que tous les joueurs en sont les dépositaires et les garants. Que ce soit un titulaire habituel ou pas, il faut qu'on respecte notre identité. Comme dit Branco, on est Toulouse et on doit jouer comme Toulouse. »

Alors en jouant comme Toulouse, le TéFéCé s'est qualifié pour la cinquième fois de son histoire en demi-finale de Coupe de France, après 1957, 1966, 1985 et 2009. Philippe Montanier en aura même profité pour faire tourner et donner du temps de jeu à certains joueurs moins sollicités au regard des enjeux. Un roulement d'importance à l'approche du rendez-vous historique en Coupe de France, et de la quête du maintien toujours d'actualité en championnat.

Difficile, pourtant, de ne pas penser à autre chose qu'à cette demi-finale acquise et à cette soirée qui se prolonge par les éliminations de Lens face à Nantes, et surtout de Marseille par Annecy au stade Vélodrome. De quoi éclaircir le chemin vers Saint-Denis et le rendre tangible. C'est l'heure où les spéculations sur le prochain adversaire vont bon train, où tout ressemble au meilleur comme au pire des tirages. Entre Nantes, bête noire, tenant du titre et tombeur d'un RC Lens aux premiers postes en championnat ; Lyon, qui n'a pratiquement plus d'autre choix que d'être sacré pour atteindre la Coupe d'Europe ; et Annecy, petit Poucet aux allures de terreur après avoir éliminé l'OM au Vélodrome au terme d'une séance de pénalty irrespirable, le choix est cornélien.

LA COM' EN EMBUSCADE

Will Still n'a pas seulement inspiré la causerie de Philippe Montanier, il a également donné des idées... au service de communication du TéFéCé ! Il n'em fallait pas tant pour que la com' et les fameux CM du Toulouse Football Club s'emparent des propos du coach de Reims et taquinent leur adversaire du soir après la rencontre. Un coup de grâce digital sur les réseaux sociaux, où a été postée une vidéo dans laquelle une bouteille de champagne – sur laquelle était rajouté le logo du Stade de Reims – se voyait être « fracassée » contre un bateau, par un skipper orné du logo du TéFéCé. Et le club de légender dans son tweet : « Fracasser, verbe transitif. Briser quelque chose avec violence et grand bruit. Exemple : La bouteille s'est fracassée sur le bateau. » Pour une vidéo rapidement devenue virale sur Twitter (désormais X), avec près de trois cent cinquante mille impressions. De bonne guerre 2.0., entre deux des clubs les plus disruptifs et originaux en termes de communication digitale.

CHAPITRE 4

RENVERSER LES MONTAGNARDS

Il est toujours plus facile de parler de logique respectée quand l'histoire se termine bien. Mais sur qui parier lorsque le Toulouse Football Club hérite du tirage d'Annecy des mains de Djibril Cissé, laissant Nantais et Lyonnais se disputer l'autre ticket pour la finale ? Même les bookmakers les plus sérieux des établissements titulaires d'une licence IV se retrouvent bien contrariés face à cette affiche où le pronostic est aussi évident à déterminer que la distance d'une boule de pétanque à un cochonnet mesurée avec un morceau de bois.

En réalité, une chose, une seule, semblait écrite. Ce déplacement à Annecy était un traquenard. Un vrai. Une embuscade de la première heure, un piège comme seule la Coupe de France sait en réserver. Une oasis au mirage de finale tellement proche qu'elle en deviendrait palpable, laissant assoiffés ceux qui voudraient y goûter avant de l'avoir atteinte. Cette demi-finale en Haute-Savoie avait donc des airs incertains de destination finale pour Philippe Montanier et sa bande. Un Parc des Sports d'Annecy ouvert aux cinquante vents. Une piste d'athlétisme à donner envie à un Jamaïcain de se mettre au bobsleigh. Et une pelouse, au regard de la taille du gazon et de son herbe grasse, tondue au couteau à beurre – du demi-sel, vraisemblablement, à en voir les cailloux parsemés un peu partout afin de faciliter le jeu de transition des Toulousains. Suffisamment de conditions pour susciter, pour la première fois chez Damien Comolli, un poids qu'il n'avait pas connu jusqu'à présent. « Il y avait tellement de cailloux qu'à la fin, il y a des membres du comité de direction qui sont descendus sur le terrain pour en collecter, en souvenir. Et quelle pression ! C'était terrible, parce que même nos très bons joueurs, sur un plan technique, n'arrivaient pas à faire une passe. Je pense à Branco van den Boomen. Je pense à Logan Costa, à Gabi Suazo. Toutes les passes

étaient soit surjouées, soit mal choisies. Puis à un moment, ils ont compris. Je pense que les leaders, comme Branco van den Boomen, ont eu un rôle important à jouer. Ils ont compris qu'il ne fallait pas jouer comme on avait l'habitude de le faire, parce qu'on n'était pas dans ce jour-là et que le terrain ne s'y prêtait pas. Donc il fallait aller vers l'efficacité et attendre l'ouverture, attendre la possibilité. Ils ont fait simple, ils ont fait basique. Ils ont été très solidaires. Après, il y a eu de la réussite, mais la réussite, il faut en avoir au tirage, il faut en avoir dans les matchs, il faut en avoir tout le temps. Et là, la réussite, ça a été que Farès Chaïbi intercepte la passe en retrait. La réussite, ça a été qu'il y a eu le hors-jeu à la fin. On n'était tellement pas bons, en train de faire des trucs, de jouer avec des valeurs qui ne sont pas les nôtres… On dégageait, on tapait devant, on faisait des diagonales, on paniquait, on était incapables de sortir le ballon. Tout ce qu'on ne faisait pas d'habitude. Donc je sentais que soit on allait aux tirs au but, soit il allait y avoir un but bizarre, et tant pis, c'est comme ça. Donc dans les trente dernières minutes, je n'étais même plus stressé. Parce que je sentais qu'on ne contrôlait pas le match. »

C'était sans imaginer ce contexte que quatre cents Toulousains ayant fait le déplacement jusqu'à la Venise des Alpes sont venus admirer le spectacle. Il n'en fallait pas un de moins pour pouvoir prétendre répondre à l'hostilité et à l'ambiance d'un Parc des Sports qui devait se demander ce qui était bien en train de lui arriver, tant l'atmosphère semblait inhabituelle et électrique. L'esprit Coupe de France dans son jus, son essence. Où l'irrationnel s'invite sans qu'on ne le lui propose, et peut surgir à tout moment. Comme cet instant, à la mi-temps, où un jeune tavernier bénévole est célébré comme un buteur, parce qu'il a dégoté, au fin fond de la cave, le dernier fût qui n'a pas été vidé avant le match. Comme cet instant, aussi, où Moïse Sahi Dion a cru envoyer toute une ville au paradis, d'une frappe commandée par les cieux et guidée par la grâce. Un but qui sera finalement hors-jeu, parce qu'une bonne étoile avait peut-être décidé que cette Coupe de France reviendrait à Philippe Montanier, aux Toulousains, et à personne d'autre. Mais pas sans trembler. « D'abord, on a joué une équipe qui venait de faire un match somptueux à Marseille, elle a prouvé qu'elle était capable d'élever son niveau de jeu, à un très haut niveau. Mais surtout, on ne pouvait pas appliquer notre jeu, qui était basé au sol, sur la possession. C'était difficile à appliquer. Avec toutes ces circonstances, ça sentait le piège à plein nez avec cette pelouse catastrophique ! On voyait bien que tout était réuni pour que ce soit un vrai problème, et ça l'a été. »

La première période n'est pourtant pas trop mal maîtrisée par des Violets qui renoncent vite à jouer avec leur ADN, abdiquant devant cette pelouse qui les force à rendre les armes. Ça n'empêche pourtant pas Zakaria Aboukhlal d'ouvrir le score en s'arrachant pour magnifier un centre parfait de Branco van den Boomen au premier poteau. Important, mais pas suffisant, puisque ce match, s'il fallait le rappeler, est un traquenard. Gabriel Suazo en a fait les frais en bousculant Alexy Bosetti dans la surface sur un ultime corner avant le retour au vestiaire. L'ancien Niçois prend Kjetil Haug à contre-pied. Le stade exulte, le buteur en rajoute en s'offrant un tour de stade torse nu. Annecy revient à un but partout juste avant la mi-temps, au plus mauvais moment. Le traquenard prend des airs de cauchemar.

> « En rentrant, vous pouvez être des héros. »

Portés par cette égalisation dans les tout derniers instants du premier acte, les Hauts-Savoyards reprennent la partie métamorphosés. Le public est tout acquis à sa cause, se prend à rêver, convaincu que la soirée marseillaise du tour précédent n'avait rien d'un leurre. À cet instant, le « petit » est galvanisé et fait trembler le gros. La Coupe de France dans toute sa splendeur, avec toute sa magie, et toute sa dramaturgie.

Face à la domination nébuleuse mais bien réelle des Annéciens, Philippe Montanier a peut-être, depuis son banc, repensé à ces mots prononcés par son capitaine Brecht Dejaegere juste avant le match. « On a besoin de tout le monde les gars, de tout le monde ! Les mecs, sur le banc, je sais que vous êtes frustrés, que vous avez envie de jouer, que vous avez cette rage en vous ! Mais en rentrant, vous pouvez être des héros aujourd'hui, ok ? Mais la seule manière, la seule ! C'est d'être ensemble ! Là, c'est un tournant ! On peut avoir une fin de saison incroyable ! Mais on va avoir besoin de tout le monde ! »

L'entrée de Farès Chaïbi, pour suppléer Rafael Ratão peu après l'heure de jeu, dit

tout de la nécessité d'un collectif pour renverser des montagnards. Et de l'importance d'une valse à trois temps, à la 85ème minute, initiée par un ballon en profondeur de Branco van den Boomen destiné à Zakaria Aboukhlal. Le défenseur Arnold Temanfo, sous pression de l'ailier toulousain, croit faire le bon choix lorsqu'il remet le ballon de la tête à son gardien. C'était sans compter sur la malice de Farès Chaïbi, tapi dans l'ombre et aux aguets, qui se jette sur cette offrande, comme un renard dans une basse-cour, pour couper la trajectoire d'un délicieux geste technique et asséner le coup de grâce au portier annécien Thomas Callens.

L'histoire aurait pu s'arrêter là, mais n'aurait alors été qu'un récit, si la Coupe de France n'avait pas offert un ultime moment de frisson, venu d'une inspiration aussi géniale que lointaine. Lorsque Moïse Sahi Dion contrôle un ballon de la poitrine et enchaîne d'une frappe de 25 mètres du pied gauche, narguant Rasmus Nicolaisen resté sur les appuis, avant d'humilier Kjetil Haug pour se loger dans sa lucarne. Le chronomètre vient de livrer les toutes premières secondes de ses sept minutes de temps additionnel. Et le poids du monde semble s'abattre sur un TéFéCé que personne n'imagine se relever, assommé par la violence du coup de massue. La seule chose qui se lèvera, finalement, sera le drapeau de l'arbitre de touche. Dion était hors-jeu au départ de l'action. Et, dans un ballet de gestes qui indiquent à la fois le rond central et la position illicite du joueur, Jérémy Stinat ajoute de la confusion à l'incompréhension, mais prendra, somme toute, la bonne décision. Le but est refusé. Toulouse est qualifié. Les Violets sont libérés. Philippe Montanier contient sa joie. « Je n'explose pas de joie, j'explose de soulagement. Lorsqu'ils égalisent avec leur but hors-jeu qui est magnifique, je dis à Stéphane Lièvre, mon adjoint : "Prépare les pénaltys...", parce qu'on avait tout un

14
CRAFT

protocole sur les séries de tirs au but avec notamment une liste déjà préétablie. Donc je lui dis : “Bon, réactualise la liste, parce qu’on va aux pénos.” Et quand il a refusé le but, ça a été un véritable soulagement. Cette demi-finale, au-delà d’une explosion de joie pour nos supporters, c’était plutôt un soulagement pour moi, parce que c’était le plus mauvais de tous nos matchs de Coupe depuis le début du parcours. Mais c’est celui qui nous emmène en finale, donc quelque part… c’est le plus beau. »

Après trois échecs en 1966, 1985 et 2009 – surtout ce dernier face à Guingamp, qui hante encore les mémoires de nombreux supporters –, le TéFéCé prend rendez-vous pour la deuxième fois seulement avec une finale de coupe nationale, qu’il disputera au Stade de France. Et il y retrouvera une vieille connaissance : le FC Nantes, tenant du titre au demeurant, tombeur de l’Olympique Lyonnais dans une autre demi-finale, au niveau de jeu diamétralement opposé à celui livré par les Violets à Annecy.

C’est un euphémisme, le match du TéFéCé était loin de garantir un succès final face aux bourreaux Nantais. Mais les pronostiqueurs auront noté une chose, à la découverte de

l'affiche : Toulouse n'a pas affronté une seule équipe figurant parmi les dix premiers du classement de Ligue 1 au moment de la rencontre (Reims était dixième). De quoi accorder du crédit à la théorie qui attribue une bonne étoile à Philippe Montanier, à ceux qui estiment qu'il traîne avec lui un animal que l'on pensait, un temps, collé dans les pattes du sélectionneur national Didier Deschamps, et aux prophètes de l'alignement des planètes. Le scénario de la demi-finale ne fera certainement pas non plus changer d'avis certains analystes, plus spécialistes du verre que du ballon. « Je ne crois pas du tout à ça, balaye Damien Comolli. Ni par rapport au tirage au sort, ni à ce match. Il n'y a qu'un truc qui m'obsède. C'est la performance. »

CA
FFF

DES DISCOURS DÉTERMINANTS

Cette obsession, l'ensemble du vestiaire l'avait, et l'a partagée à la mi-temps de la demi-finale face à Annecy, ou encore après le match. La parole s'est libérée chez les cadres ou chez de plus jeunes joueurs, qui n'ont pas hésité à s'exprimer pour remobiliser le groupe. « Il y a eu des prises de parole inhabituelles dans le vestiaire, avoue Philippe Montanier. Des joueurs comme Moussa Diarra, par exemple, qui a dit : “Moi, je ne joue pas, je suis remplaçant, mais emmenez-moi au Stade de France, je veux y retourner après avoir perdu la finale de la Gambardella en 2019 !” C'était un moment fort... Même Zakaria Aboukhlal, après la fin de la demi-finale, a fait une déclaration d'amour à toute l'équipe*, à tout l'effectif. Tout le monde a bien réalisé que ce match-là était mauvais, mais historique. »

* À l'issue du match, Zakaria Aboukhlal a rendu un hommage sincère à ses coéquipiers et au staff, qui lui ont permis d'être sélectionné avec le Maroc pour la Coupe du Monde au Qatar : « Je voulais vous remercier, parce que je n'ai pas eu l'occasion de le faire depuis mon retour de la Coupe du Monde. Aujourd'hui, ma motivation était de vous rendre ce que vous m'avez donné. »

CHAPITRE 5

BRECHT DEJAEGERE *capitaine devenu légende*

En l'espace de trois saisons, Brecht Dejaegere aura marqué l'histoire du TéFéCé. Par son aura, son professionnalisme et sa science du jeu, le milieu de terrain belge s'est révélé être le capitaine polyglotte d'une équipe devenue aussi ambitieuse que lui. En étant l'homme qui a soulevé deux trophées, celui de champion de France de Ligue 2 et la coupe de France, il n'a pas seulement inscrit son nom dans l'histoire du Toulouse Football Club. Il a surtout insufflé une direction et une ligne de conduite au TéFéCé, comme un héritage sur lequel le club toulousain peut s'appuyer pour continuer à grandir.

Avec la sincérité et la proximité naturelle qui le caractérisent, il a pris le temps de se livrer sans retenue à Vincent Delzescaux, co-auteur de ce livre, qu'il a côtoyé presque quotidiennement lors de ses trois années sous le maillot violet. Une manière aussi pour « Bibiche » – de son surnom « parce que vous autres, les Français, vous n'arrivez pas à dire "Brecht" » – de remercier tout ce qui a été fait par le club pour les joueurs et leur entourage. Brecht est conscient qu'il a été un grand artisan des premiers succès de cette nouvelle équipe, dont il a été un précieux guide, c'est pourquoi le tutoiement est de rigueur dans cet entretien. Le « putain » aussi signale peut-être qu'il s'est très bien acclimaté à la culture locale. Voici un entretien sur le parcours en Coupe de France, puis sur ses années toulousaines, réalisé en deux cuissons et servi avec générosité, dont on se délecte sans se priver, comme des traditionnelles frites belges.

« Hazard, Meunier et petit Bibiche, c'est pas mal, non ? »

Brecht, avec du recul, comment qualifies-tu cette épopée maintenant ?
Je commence à peine à réaliser. C'est une super chose. Avec l'âge, plus tu vieillis, plus

tu profites du moment. Je suis surtout très fier, très heureux et reconnaissant d'avoir vécu un moment comme ça. J'ai surtout cette sensation-là et je suis conscient qu'on a bougé quelque chose dans la ville, qu'on a vraiment réalisé quelque chose de très fort. Beaucoup de gens m'ont envoyé des messages pour me dire « Merci pour tout ». J'ai aussi croisé un mec qui m'a dit que c'était la plus belle soirée de sa vie, la plus belle journée de sa vie. Et quand tu es joueur, c'est beau à entendre.

Ça va au-delà du foot pour toi ?
Oui... Quand tu vois que les supporters, ils sont prêts à ne pas voyager dans l'année pour pouvoir s'acheter un abonnement au TéFéCé et venir voir les matchs ici. Il y a vraiment beaucoup de gens qui viennent nous voir au Stadium. Pour eux, c'est leur hobby, c'est leur passion. Et nous, on est leur passion. Donc il faut se donner à fond pour eux, parce qu'ils payent de l'argent pour nous voir. C'est un signe de respect envers eux, il fallait qu'on se donne à fond et montrer qu'on est capables de leur donner quelque chose qui va rester dans leur tête, toute leur vie.

Tu te rends compte aujourd'hui que tu as réalisé ça, que vous avez écrit un moment d'histoire ?
Oui, oui. Surtout avec tous les gens qui nous en parlent, avec les adieux qu'on a eus ici, les gens qui t'appellent « les légendes du Club ». En fait, c'est aussi pour ça que je suis venu ici. Quand j'arrive dans un club, je veux laisser ma trace. Je voulais laisser ma trace dans l'histoire du TéFéCé. Et j'ai réussi à le faire, avec toute l'équipe, on l'a fait ensemble. Parce qu'on n'arrive à rien en étant seul. Donc c'est une énorme fierté. À l'âge que j'ai, je suis très content de ce que j'ai réussi à faire. Je suis conscient que je suis la passion de beaucoup de pères, de beaucoup de fils et de beaucoup de filles. Et avoir eu la chance de leur donner quelque chose, c'est ce qu'il y a de plus beau pour moi. En fait, c'est aussi un peu dans mon caractère. Je suis là pour aider les gens. Je suis toujours comme ça. Sur

CRAFT

le terrain, je suis comme ça. Je veux aider les gens. Je veux que les autres, à côté, devant et derrière moi, ils jouent mieux. J'essaye d'être le lien entre eux pour que l'on puisse tous mieux jouer. Je cherche toujours à aider les gens et ça te donne des frissons quand ils te disent ça.

Est-ce que sportivement, c'est la plus belle émotion de ta carrière ?

Oui, je pense. Quand j'étais plus jeune, j'ai eu la chance d'être champion en Belgique à vingt-quatre ans. C'était vraiment fort, mais là c'est quand même un coup, dans un grand championnat qui n'est pas le mien. Et surtout, je pense aussi à tout ce qu'on a vu autour, le club, la ville, ce qu'on a vraiment créé. En fait, j'ai beaucoup moins besoin de temps pour réaliser ce qu'on a fait ici, parce que tout le monde m'en parle. Avant, quand je rentrais, peu de gens me parlaient. Mais la saison dernière, je devais m'arrêter pour une photo. Mais il faut dire aussi que le travail que vous faites, à la communication du club, c'est la clé. Peut-être que vous-mêmes, vous ne réalisez pas ça. J'ai des potes, de la famille, etc. qui m'envoient ce que vous faites, ils me disent : « On vit avec vous. » Et avant, ce n'était pas comme ça. Vous effectuez un travail magnifique. Si vous n'aviez pas fait tout ça, je pense que beaucoup moins de gens nous suivraient, et seraient derrière nous. Vous jouez un rôle hyper important parce que grâce à vous, il y a presque toujours vingt-cinq mille personnes au stade. Sans vous, on n'aurait pas eu le soutien qu'on a eu. Les supporters nous poussent, mais ils sont là grâce à vous aussi. Pour moi, ça, ça joue beaucoup. Quand je discutais avec les Toulousains, ils pensaient à Branco, à Rhys, à Stijn, aux joueurs. Mais il y avait toute une équipe derrière. Je te jure, si vous n'aviez pas fait ce taf, nous, on aurait été un peu dans l'ombre, il n'y aurait jamais eu vingt-cinq mille personnes au Stadium, jamais. Et quand on avait vingt-cinq mille supporters derrière nous, ça nous donnait une force incroyable quand on rentrait sur le terrain, par rapport à dix ou onze mille des premières années. Pour nous, ce n'était pas la même chose du tout, on ne peut pas avoir la même envie.

Brecht, si on revient un peu sur le parcours de cette Coupe de France : Lannion, Ajaccio, Reims, Rodez, Annecy et Nantes. Comment qualifies-tu ce parcours ? Il n'y a pas eu Marseille, il n'y a pas eu Paris, il n'y a pas eu d'équipe du Top 10…

Non, c'est vrai… Un moment, avant la finale, j'ai dit à Branco (van den Boomen) : « Si on gagne la Coupe, ça peut être magnifique, mais on n'a jamais battu une grosse équipe. Annecy, ils ont battu Marseille quand même. » Parce que, quelque part, je suis un compétiteur. Mais c'était un autre genre d'adversité, et c'est là qu'on voit que c'était une de nos forces, il fallait toujours être prêt mentalement pour se donner à fond. Un match contre Rodez, et même à Annecy, tu n'as rien à gagner là, tu as tout à perdre. On a montré une bonne mentalité, un bon visage, et on voulait vraiment gagner. C'est une qualité aussi. Ça ne te donne pas moins de caractère. Mais c'est vrai qu'un moment, j'ai pensé que le titre aurait peut-être moins de valeur. Avec du recul, ce n'est pas le cas. C'est un titre, les gens ne retiennent que le

gagnant. J'ai eu beaucoup d'interviews venues de Belgique après le titre, et on m'a appris que je suis le troisième belge à avoir gagné la Coupe de France au XXIe siècle après Hazard et Meunier. C'est pas mal, hein ! Hazard, Meunier et petit Bibiche, c'est magnifique, non ? Si tu m'avais dit ça quand j'avais dix huit ans, quand je travaillais encore avec les cochons de mon père... C'était incroyable d'imaginer ça, donc ouais pour moi c'est incroyable...

Et est-ce qu'au fur et à mesure de la compétition, quand on voit les grosses équipes qui s'affrontent et qui sortent, et que le tirage du TéFéCé parait plus clément, on ne se dit pas que c'est mystique ?

Si, bien sûr. À un moment, on se l'est dit. « Cette année, c'est pour nous. » Et je pense qu'après le match contre Reims, quand on prend Rodez à domicile, là j'ai dit : « Putain, on peut vraiment gagner la Coupe de France. » Même quand tu as encore Marseille à ce stade de la compétition. On se dit « putain, peut-être... » Marseille, on les avait joués trois semaines avant, et on avait vraiment fait un bon match, malgré la défaite. Mais on savait que sur un match, on était capables de gagner même contre les très grandes équipes.

Avant le match contre Reims, le fait que Will Still ait fait sa petite déclaration qui a été captée par le diffuseur en disant « On va à Toulouse, on les fracasse », ça vous a piqué ?

En fait, je le connaissais déjà un peu avant, parce qu'il est belge. Et il est comme ça. Il cherche toujours une manière de motiver ses joueurs et je pense que pour lui, c'était un bon moyen de motiver ses joueurs. Mais ça ne m'a pas surmotivé ni donné un surplus d'énergie particulier, je suis resté moi-même. On est des joueurs professionnels et je sais que le travail d'un coach, c'est d'aller donner à ses joueurs cette motivation à un certain niveau, quelle que soit la forme, sinon tu te prives de quelque chose. Tu as toujours besoin, par exemple, d'un speech qui peut te motiver encore plus, ou de ta famille qui est là et qui peut te motiver aussi. Tu as besoin de ça pour être plus fort encore. Mais pour moi, la déclaration de Will Still n'a fait aucune différence.

Qu'est ce qui a fait que vous êtes transcendés sur cette compétition-là ? Ça s'est fait naturellement, c'était devenu un objectif ?
Oui, d'un moment à l'autre. On a commencé à sentir que cette année, ça pouvait être pour nous. Et je pense que comme beaucoup de joueurs n'avaient pas encore gagné quelque chose, ou venaient de championnats vraiment moins importants, on a réalisé qu'on était capables d'écrire l'histoire du club. Même dans soixante ans, je serai le capitaine qui a soulevé la coupe. Tu imagines ? J'en ai des frissons quand j'en parle aujourd'hui. Je n'ai même pas eu d'adieux dans mon ancien club de La Gantoise. Alors que j'étais le joueur le plus capé de l'effectif, l'un des joueurs les plus capés de l'histoire du club, j'ai fait la meilleure saison de ma carrière en 2015 quand on a décroché le seul titre de champion du club, j'ai disputé la Ligue des Champions, et je n'ai jamais eu un adieu. Et ici, à Toulouse, c'est devenu la famille. Même avec certains salariés que je côtoyais et que j'appréciais vraiment, notamment à la communication, avec toi, Martin, Paul. Ça créait vraiment une bande. Et quand tu vois ça, ce qu'on a réalisé, pour moi c'est ouf...

Donc finalement, ça s'est fait assez naturellement. Avez-vous douté à un moment ?
À Annecy, quand on a encaissé le but avant la mi-temps sur un pénalty. Le terrain était catastrophique, et je me suis dit : « Putain, même si on se donne à fond et qu'on peut être bien, le terrain ne jouera pas en notre faveur. » Et là, je ne vais pas dire qu'on a eu peur, mais il y a eu un peu de doute. On se dit que si on arrive à survivre à cette étape, on va aller gagner la Coupe, que ce soit face à Nantes ou Lyon. Mais à ce moment-là, j'ai un peu douté. Dans chaque équipe, il y a des joueurs qui prennent la parole. Au TéFéCé, c'était soit moi, soit Branco van den Boomen, soit Moussa Diarra. Et Moussa, à la mi-temps, il a fait un super discours qui nous a donné envie de nous dépasser... Il ne faut pas que ce soit toujours le même joueur qui parle. Me concernant, quand tu joues pratiquement les trente-huit matchs de championnat, chaque semaine il faut dire quelque chose de nouveau, il faut essayer de trouver les bons mots. Et là, le discours de Moussa a vraiment aidé tout le monde, moi compris. Parce qu'avant le match, j'ai fait un discours, qui était un super discours je pense. Et on a fait une bonne première mi-temps dans des conditions difficiles mais on a encaissé un but. Et là, le doute est apparu. Donc tu as besoin d'un autre joueur qui parle, d'une autre voix du groupe. Et ce discours de Moussa, il va apporter beaucoup de choses, je trouve. Donc on a eu cet épisode où on a pu douter, mais pour le reste, je n'ai jamais eu de doutes. On a battu Reims et après le match, je me suis vraiment dit : « Putain, cette année, ça peut être notre Coupe... »

Brecht, on bascule sur la finale. Comment le groupe s'est préparé à cette finale, les quelques jours qui ont précédé la finale, avec la mise au vert ?
J'ai senti un peu plus de stress chez tout le monde. Personnellement, je n'en avais pas beaucoup, mais même Branco était un peu plus silencieux. Mais ça disparaît dès que tu rentres sur le terrain. Et là aussi, d'ailleurs, la parole de Moussa dans le vestiaire a aidé énormément. Moi j'ai refait un discours sur le terrain. Je sentais un peu plus de stress chez nous, mais comme on avait le match, c'était un bon stress. C'était une bonne tension.

Ça vous a fait du bien de préparer cette finale tranquillement ?
Oui, j'aurais même aimé partir un jour plus tard. Parce que parfois c'est quand même assez long pendant la journée. Même avec les joueurs, on s'est dit qu'il fallait que le match arrive, parce qu'on était là jeudi, on est partis le matin, on s'est entraînés l'après-midi donc c'était déjà long. On a eu cette sensation-là. Mais je pense qu'on avait un groupe modeste, facile à gérer.

Les jeunes jouaient à la PlayStation, ils mettaient la musique, pour eux c'était bien aussi. On avait vraiment un groupe facile. Branco et Stijn ont un peu joué à l'UFC sur la PlayStation, mais on est aussi restés après, on a mangé le soir ensemble avec vous à la table. Ça m'allait très bien de rester discuter à table. Les jeunes, ils se barraient directement, mais chaque personne est différente, chaque génération est un peu différente.

La veille de la finale, tu es en conférence de presse au Stade de France. C'était un moment particulier ?

Oh oui… Je vais te raconter une anecdote. Quand j'avais dix-huit ans, j'ai signé mon premier contrat pro. Je suis allé voir mon père, je lui ai dit, « Papa, j'ai signé mon premier contrat pro. » Il m'a dit « Je suis fier de toi, mais le jour où tu commences à prendre la grosse tête, crois-moi, je vais te faire redescendre sur terre. Je vais aller à ton club, je vais déchirer le contrat et tu vas travailler avec moi aux cochons… » « Ok papa, ça marche, merci… » « Ok, mais je suis fier de toi, hein. » « Oui, merci papa… » Bon, c'était comme ça. Et au moment où j'ai quitté le club de Bruges pour aller à Courtrai, mon père m'a dit, « Bibiche, ça serait une bonne chose si tu pouvais jouer en Ligue 2 belge et travailler en plus à côté pour payer ta maison. » « Ok papa, ça marche… » En fait, il m'a toujours mis des défis. Parce que d'abord, j'ai signé pro. Ensuite j'ai joué un match. Après, il me remettait des objectifs. Il me disait : « Si tu peux faire une super entrée là… », et j'ai fait une super entrée. « Si tu peux commencer un match… », et j'ai commencé un match. Puis « Si tu peux faire un bon match contre une grande équipe… », et je l'ai fait. « Si tu peux faire une saison constante », etc. Et j'ai toujours répondu, même quand il mettait la barre plus haut. Et si tu m'avais dit, quand je l'ai appelé pour lui dire que j'avais signé mon premier contrat pro, que treize ans plus tard, je serais à la conférence de presse de la finale de la Coupe de France au Stade de France, il m'aurait dit, « Bibiche, tu pètes un plomb, ça ne va jamais arriver. » Parce que je

suis un bon joueur, mais avec de la confiance, je suis un super joueur. Si je reçois la confiance d'un proche, je peux être un top joueur. J'étais toujours un mec modeste, je n'ai jamais cru en moi-même parce que j'avais toujours besoin de confirmer et rendre cette confiance. Avec l'âge, j'ai digéré tout ça, mais j'ai toujours tourné à la confiance que mon père pouvait me donner avec ses défis. Et un moment, pendant la conférence, quand le coach était en train de répondre à une question, je me suis dit « Putain, je suis là, à la conférence de presse. Je peux être fier de moi, quand même. »

Et si ton père t'avait dit : « Ça serait bien si tu soulevais la coupe de France… » Tu l'avais imaginé, ça ?

Pfff… Quand un journaliste m'a dit que je suis parmi les seuls Belges, avec Thomas Meunier et Eden Hazard, à avoir remporté la Coupe de France depuis l'après-guerre, je me suis dit : « Putain, c'est pas mal hein, c'est pas mal du tout ! Bibiche, il est avec Hazard et Meunier ! » Et moi, je l'ai soulevée ! Parfois, à la télé, il y a des rétrospectives qui sont diffusées. Pour la Coupe du Monde, la Coupe de France, etc. Et dans soixante ans, c'est encore moi qu'on verra soulever la coupe ! Je suis dans l'histoire. Quand je serai mort, je resterai le mec qui a soulevé la coupe pour le TéFéCé. Donc c'est quelque chose de quand même assez super. D'ailleurs, pour l'anecdote à nouveau, quand j'ai la chance de pouvoir amener mon fils à l'école, je le fais, parce que c'est toujours ma femme qui le fait en général. Et la dernière fois que je l'ai emmené, la maîtresse et la directrice m'ont tout de suite dit : « Oh, vous avez vu Macron, vous avez vu Macron ! » Là, ça prouve que c'est quand même assez spécial ce qu'on a vécu. »

Quand as-tu imaginé soulever la coupe pour la première fois ? Le matin de la finale ou quelques jours avant ?

C'était bien avant la finale, après Reims. Comme j'ai déjà eu la chance de soulever un trophée pour la Ligue 2, je savais que c'était une sensation spéciale, mais ce n'était que la Ligue 2. Donc après la victoire en huitième de finale, je me suis dit : « Imagine si je soulevais la coupe… » C'est une fierté, crois-moi, c'est une fierté. Soulever la coupe de France, en étant capitaine étranger d'un club français, c'était une fierté pour moi.

> « Je suis plus toulousain qu'un Toulousain. »

En ce qui concerne le match, c'est allé très vite, il y avait 3-0 en une demi-heure. Comment as-tu ressenti ce match ?

En fait, je savais que dans un match comme celui-là, le premier contrôle pouvait être décisif pour chacun d'entre nous. Parce que le mental prend le pas, l'avantage, sur tout le reste. La tête, c'est supérieur à toutes les autres choses. Si, par exemple, ta première touche n'est pas bonne, tu cogites. Ça te rentre dans la tête. Tu te dis, « Putain, aujourd'hui je n'ai pas de deuxième chance, je dois être bon. » Et c'est comme ça pour tout le monde. Et j'ai très vite vu que nos premières touches de balle étaient top. On avait un plan. On a vu que le plan, que les espaces ou les possibilités, étaient là, comme prévu. Donc on a tout de suite vu que ce qu'on avait préparé allait payer. Si on restait fidèles à notre plan, on allait avoir le plus de chances de gagner. Et ça s'est confirmé puisqu'on a marqué très vite, 1-0, 2-0. Le but du 3-0 (dont parle Philippe Montanier dans son interview), avec le plan qu'on avait mis en place, on a créé de l'espace sur le côté, dans le dos. Là, on était injouables... Crois-moi, on pouvait en mettre encore plus à un moment. Je me suis dit, « On va torcher la finale maintenant. Il faut vraiment aller les torcher. » On était en pleine confiance. Et là, la mi-temps arrive. De nouveau, tu as un moment de doute qui s'installe un peu... Parce que tu te dis « Imagine, ils reviennent... » Tu as ça dans un coin de la tête. Mais une fois qu'on est rentrés sur le terrain, après le premier quart d'heure, on voyait qu'on était bien. Il n'y a plus eu de doute.

Dans son interview pour le livre, le président Comolli a évoqué un nombre de plans incalculable, qui s'appliquaient presque en fonction des scénarios, comme une partie d'échecs...

Oui, il y en avait vraiment beaucoup. On a pu les exécuter parce que les joueurs avaient les capacités techniques de le faire. Mais pour que ça fonctionne, il nous fallait être à notre meilleur niveau. Et tout le monde l'a été. C'était un match parfait. Même le meilleur scénario, on ne l'avait pas imaginé comme ça...

Effectivement, le président nous a dit : « On avait prévu tous les scénarios, mais pas celui de mener 4-0 à la mi-temps... »

Mais jamais, personne ! Et le pire, c'est que même après la mi-temps, tu as toujours ce moment où tu te dis : « Putain, on ne peut pas le perdre maintenant, on ne doit pas leur donner. » On avait un peu ces deux sentiments, mais j'étais persuadé que si on revenait sur le terrain et qu'on reprenait le match en étant durs, qu'on restait fidèles à notre plan et à notre philosophie, on allait gagner.

Comment as-tu vécu la fin de match et l'après-match ?

Je ne vais pas dire que je suis trop vieux, mais quand même, plus tu vieillis, plus tu digères tranquillement. J'ai bien profité parce que j'ai vu toute ma famille à Paris, j'ai un bus qui est venu avec trente mecs de Belgique ! Mais ce qui m'a le plus touché, c'est ma mère. Une fois, elle m'a dit qu'elle était déçue de moi, parce que j'avais eu de mauvais résultats à l'école. Oh... je n'ai jamais eu aussi honte de ma vie ! Je me suis dit « Brecht, plus jamais ça... » J'avais treize ans, et j'étais déjà assez mature dans ma tête. Donc je me suis juré que ça n'arriverait plus. C'était la pire sensation de ma vie. Si tu me dis : « Bibiche, je suis déçu de toi », putain, je vais rentrer, je ne vais pas dormir. Donc en finale, je me suis dit : « Je ne veux pas les décevoir. » Et ils ont été fiers de moi. Mon père, ma femme, mon fils, mes meilleurs amis, tous ceux que j'aime étaient là. C'est à ce moment que j'ai vraiment réalisé. Je revois encore tous les supporters, je repense aussi à vous autres à la communication du club, être en extase. Tous ces gens étaient tellement heureux. Même le coach adjoint de l'époque, Carles Martinez Novell, a embrassé ma femme, il était tellement heureux ! Toute cette émotion, c'était magnifique. Pouvoir apporter quelque chose qui rend les gens fiers, pour moi, ça vaut tout l'or du monde, c'est la meilleure sensation que je puisse avoir. Après la finale, j'ai croisé Didier Pitorre (collectionneur et historien du club), et il m'a dit : « C'est le plus beau jour de ma vie. » Tu imagines ? Qu'est-ce que je peux entendre de plus ? J'ai participé au meilleur jour de sa vie. C'est super... Dans ce club, vous êtes tellement nombreux à être normaux, à garder les pieds sur terre, et à tellement faire pour ce club. Vous bossez tellement, tout ce que vous faites, vous le faites pour l'amour du club. Pour moi, vous méritez beaucoup. La com', le team management, etc.

D'ailleurs, Seji Rose (Team Manager) et Léonie Caubet (Player Liaison Officer), ce jour-là, devaient avoir un stress incroyable...

Oh oui, pour régler tout ce qu'ils avaient à faire, avec les familles. Il y avait un bus affrété pour les familles avec les enfants qu'il fallait gérer, les hôtels aussi, ils ont fait un super taf. Il faut les remercier et les encourager. Tout le monde a fait un super boulot, c'était une superbe soirée à tous les niveaux.

Et puis, il y a le retour à Toulouse...

Oui, c'était vraiment différent par rapport à la célébration du titre de Ligue 2. Là, on était vingt mille... J'étais vraiment content de ce qu'on a réalisé, et ils étaient fiers de nous. En fait, les gens de Toulouse peuvent de

nouveau s'identifier au club. Ils retrouvent leurs propres valeurs avec le TéFéCé. Ce n'est plus le Toulouse d'une certaine époque dont on m'avait parlé, avec des individualités qui s'en foutaient de jouer pour Toulouse, qui voulaient juste marquer des buts et s'en aller après. Les supporters ont retrouvé des valeurs portées par des joueurs dont ils sont fiers. C'est ça qui est beau.

Est-ce que tu avais vu les images du Stade Toulousain au Capitole après le titre de champion de France il y a deux ans, et est-ce que tu trouves que c'était une ambiance similaire ?
C'est dur de comparer, parce que je ne connais pas vraiment le rugby. Mais je sais que Toulouse est une ville de rugby, et je sais qu'on a réalisé de grandes choses, grâce à l'émotion que je ressens chez les gens qui m'en parlent. Putain, c'est magnifique. Il ne faut pas oublier que le premier match que j'ai joué ici, on était trois ou quatre mille mecs. Ils sifflaient, même... Maintenant ? Ils ne siffleront jamais. Jamais. Sauf si on ne se donne plus à fond. Là, ils auraient raison de siffler. Mais si des joueurs comme Mikkel (Desler), Branco (van den Boomen), Stijn (Spierings) ou moi on ratait une passe, ils ne nous en auraient pas voulu, parce qu'ils savent qu'on est des gens qui se donnent à fond, et tout le monde a le droit de faire des erreurs.

Il y a ce retour à Toulouse et puis il y a le match contre Lens après... Sportivement, vous ne gagnez pas, mais il y a les hommages après la rencontre.
Là, c'était incroyable, de nouveau. Le fait de revivre cette communion, c'était super, il n'y avait pas de mots. C'était aussi très émouvant ce à quoi on a eu droit comme hommages après le match contre Auxerre (Brecht Dejaegere, Branco van den Boomen, Stijn Spierings et Maxime Dupé ont eu un hommage qui leur était réservé sur la pelouse du Stadium après la rencontre). Si j'avais été un peu plus jeune, j'aurais pleuré. Ça a été difficile de voir Branco si triste. Mais c'est peut-être aussi parce que je sais comme le monde du foot marche parfois, ce n'est pas toujours honnête. Mais avec les supporters, avec vous, c'est un peu comme quitter une famille. Honnêtement, je connais les meilleurs endroits à Toulouse. Quand un mec me demande où aller, je peux le conseiller, vraiment. Je peux même parier que je suis plus toulousain qu'un Toulousain. Parce que je connais les endroits où il faut aller

pour bien manger, pour boire un bon café. Un jour, je suis même allé à une boucherie, la boucherie Gras, où j'ai cuisiné pour eux. Mais quel joueur fait ça ! Je n'étais même pas payé, je l'ai fait pour lui, je parlais avec les clients, etc. Je commence à parler avec un mec avec qui j'ai eu une super discussion, il m'expliquait qu'il venait depuis des années au Stadium et que maintenant, il voulait ramener sa mère. Il me dit « Elle ne vient jamais », je lui ai dit « Tu veux qu'elle vienne où ? » Il m'a dit : « Bah, en virage Brice ! » Et sur un match, je n'avais pas oublié, je l'ai vu et ça m'a donné une énergie incroyable. J'ai vu un gars que j'ai juste vu deux heures à la boucherie Gras, où j'ai cuisiné un plat de Belgique. Et ça m'a boosté. Et comme je regrette de ne pas avoir eu l'hommage que je méritais à Gant, ça fait plaisir d'avoir une forme de reconnaissance par rapport à ce qu'on a réussi ici.

Qu'est-ce que tu retiens de ton passage à Toulouse, à part les trophées ?

De l'amitié avec Stijn (Spierings), Branco (van den Boomen) et Thijs (Dallinga) aussi maintenant. Branco et Stijn, on se connaît depuis trois ans, donc c'est un peu plus profond. Mais avec Thijs, je n'ai pas de doute, si j'étais resté encore deux ans, par exemple, on aurait la même relation. Avec des membres du staff ou des salariés aussi, je peux facilement aller boire un verre, comme avec des copains. Comme je dis souvent, j'ai quitté une famille et je suis vraiment reconnaissant de ce que j'ai vécu ici. Mon fils a passé plus de temps à Toulouse qu'en Belgique où il n'a passé que six mois. Il a trois ans et demi aujourd'hui (quatre ans désormais), il est plus toulousain que belge. On passait tellement de temps avec les Hollandais que lorsqu'il parle flamand, il a l'accent hollandais... ça ne va pas, ça ! Il n'arrive pas à prononcer les R comme moi. Il est comme vous, en France, il les prononce comme des L. C'est un truc de ouf.

Votre relation au milieu avec Stijn et Branco, on y arrive un petit peu... Raconte-moi la genèse entre vous trois, qu'est ce qui a fait que ça a aussi bien fonctionné ?

Un, Branco et Stijn, ce sont aussi des mecs normaux. Moi je suis un mec normal, je suis fils d'un agriculteur qui a eu sept mille cochons, donc je suis un gars normal. Eux aussi.

Et le fait de parler la même langue, dans un pays qui n'est pas le tien, ça aide. Puis jouer tous les trois au milieu, ça crée une bonne relation, on était vraiment complémentaires. Et ça, ça ne s'achète pas. Ça s'est créé naturellement, on a fait en sorte de mieux se faire jouer les uns les autres. On a tiré les forces de chacun. Contre Montpellier, par exemple, je marque mon premier but en Ligue 1. Sur l'action, Sylla centre, la balle est déviée et je suis pris à contre-pied. Et j'entends Stijn me dire « Vas-y Boogie ! » – il m'appelle « Boogie ;. J'étais un peu dans le rouge parce que j'étais pris à contre-pied, c'était la fin de match et je venais de sprinter, mais ça m'a donné de la force et j'ai marqué. Et vraiment, c'était grâce à lui. Ce sont des petits trucs comme ça qui peuvent aider.

Est-ce que tu as conscience que, tous les trois, vous êtes devenus un milieu de terrain mythique dans l'histoire du TéFéCé ?
Quand les supporters ont appris qu'on allait quitter le club, il y a eu beaucoup de réactions, vraiment beaucoup. Alors, tu ne m'entendras jamais dire qu'on est devenus « mythiques ». Mais je pense qu'on a vraiment laissé notre trace ensemble. À l'avenir, quand les gens discuteront de Branco, le nom de Spierings et le mien viendront juste après. Et ça, c'est beau. Les gens diront « Putain, Branco, c'est incroyable, c'est une légende de club, il était magnifique, avec le triangle en or, là… Stijn et Bibiche, là… Et Stijn qui récupère, et Bibiche, quel capitaine… » Tu vois ce que je veux dire ? C'est ça qui restera, et encore une fois, c'est une vraie fierté, je suis très reconnaissant pour tout ça.

Est-ce que tu as eu un capitaine référence, qui t'a inspiré ?
Non, pas spécifiquement, j'étais fan de Buffon, qui était capitaine, et Zidane, qui l'a été un peu plus tard. Mais mon rôle, c'est d'essayer de faire en sorte que tout le monde joue à son meilleur niveau. Donc je me demande toujours ce que je peux faire pour que tout le monde soit à son meilleur niveau. Qu'est-ce que je dois dire… Parce que si lui joue bien, c'est bénéfique pour moi. Si moi je joue bien, ça peut être bénéfique pour lui. Et j'essaye toujours d'être positif. Selon moi, il faut être amis sur le terrain. En dehors du terrain, si tu t'entends bien, c'est suffisant. Mais sur le terrain, il faut être amis. Je vais me battre pour toi, je vais donner ma vie pour toi, mais je veux que tu fasses la même chose pour moi. Ça va créer une sorte de bande, ce qui est hyper important dans le sport collectif.

Comment as-tu réussi à être capitaine de cette "tour de Babel", avec autant de nationalités ?
J'ai la chance de parler toutes les langues qu'on a dans le vestiaire, même un peu l'espagnol. Mais c'est aussi un peu ma personnalité qui a aidé. Je pense que si tu demandais aux joueurs, ils n'auraient pas dit de mauvaises choses sur moi. Parce qu'ils savent qu'un capitaine veut se donner à fond. Je voulais être un exemple pour eux. Qu'ils se disent : « Ah, si lui il fait ça et qu'il est capitaine, qu'il a déjà joué la Ligue des Champions, qu'il se bat pour moi, pourquoi je ne ferais pas la même chose pour lui ? » J'essaye toujours de voir le positif dans les situations négatives, que tout le monde se

Betclic
CRAFT
Inter
marché

sente bien pour être le plus performant possible. En fait, je pense que j'arrive à plutôt bien lire et comprendre les gens. Je pense que j'ai cette capacité à très bien motiver un groupe, même les joueurs individuellement. Et ça m'aide aussi dans mon rôle de capitaine.

LE DISCOURS DE MOUSSA DIARRA

À plusieurs reprises lors de cet entretien, Brecht Dejaegere fait référence à un discours du défenseur Moussa Diarra, prononcé à la mi-temps de la demi-finale face à Annecy, comme Philippe Montanier l'a évoqué plus tôt dans cet ouvrage. Pitchoun pur jus, mais originaire de Stains, en Seine-Saint-Denis, à quelques encablures du Stade de France, Moussa fait partie de la génération 2000-2001, défaite en finale de Coupe Gambardella en 2019 face à l'AS Saint-Étienne. La cicatrice qu'il garde de ce match est réelle, et il n'a jamais caché son besoin de prendre une revanche sur cet épisode, en retournant au Stade de France pour s'y imposer. Leader dans l'âme et Toulousain de cœur, il est considéré comme un des cadres aux yeux du vestiaire toulousain et du staff. Et si son temps de jeu est moins important que d'autres, sa parole est d'or, et certainement l'une des plus légitimes du groupe. Alors que les doutes se sont immiscés en première période, son discours, à la mi-temps, est teinté de franchise : « Hey les gars, sérieusement... On a quarante-cinq minutes pour aller au Stade de France. S'il vous plaît... On a quarante-cinq minutes... Le championnat, c'est terminé. Même si on termine douzièmes, on s'en fout, c'est fini. Si on gagne ce soir, la fin de saison peut être incroyable. Si on perd ? Je vous jure que l'histoire, elle est terminée. Je suis désolé de vous le dire, mais la vérité, c'est que c'est terminé. S'il vous plaît. Pendant quarante-cinq minutes, donnez tout. Si vous êtes blessé, vous sortez, y'a pas de problème. Mais s'il vous plaît, ne lâchez rien pendant quarante-cinq minutes, pour tout le monde. Moi je suis sur le banc, et je donnerai tout »

CHAPITRE 6

FC NANTES – TOULOUSE FC *une finale irrationnelle !*

Le récit de Jano Rességuié, co-auteur du livre, commentateur du match pour RMC Sport et fan du TéFéCé.

Nous sommes le 29 avril 2023, et vingt-six mille Toulousains ont décroché leur ticket pour venir au Stade de France. Le moment est historique. Tous les fans du TéFéCé, petits et grands, voulaient vivre ce moment. L'enceinte dionysienne est somptueuse. Elle s'est mise sur son trente-et-un ! Des maillots, des t-shirts, des écharpes, le parvis violet ne rougit pas devant la marée jaune. La météo est ensoleillée et printanière. Les gens ont la banane, et tous sont impatients que la fête commence. On a même aperçu des supporters rennais dans le secteur réservé aux Toulousains. Certains avaient profité d'un rassemblement de bénévoles organisé tous les ans par la FFF : « On supporte Toulouse car on veut voir perdre les Nantais. » Ok. La rivalité régionale réserve parfois de belles surprises.

17h15, le coup d'envoi de la finale de la Gambardella entre Monaco et Clermont vient d'être donné. Il y a déjà un peu de monde dans les tribunes, mais surtout à l'extérieur, devant les buvettes, où les pronostics vont bon train. Ils sont nombreux à être venus de bonne heure, craignant des difficultés pour accéder au stade, en raison de l'important dispositif policier mis en place. Chez les Violets, ils viennent de toute l'Occitanie, mais surtout de Toulouse. Certains évoquent la cuisante défaite du Stade Toulousain face au Leinster à Dublin

en demi-finale de la Coupe d'Europe de rugby (41-22) et n'hésitent pas à dire que c'est un bon signe pour le TéFéCé. Pourquoi pas ! D'autre se prennent en photo devant les grilles du Stade de France pour immortaliser l'évènement. Un peu avant 19h, les tribunes commencent à se remplir et l'on aperçoit déjà la supériorité des Nantais dans l'occupation des tribunes côté Est, face à la tribune présidentielle et au tunnel de la sortie des joueurs. Les virages Nord et trois-quarts sont bien étirés sur les trois anneaux des tribunes Nord-Est. Les Canaris sont bien là ! Pendant ce temps, les joueurs de Monaco reçoivent la coupe Gambardella (4-2) face à Clermont. La cinquième de leur histoire, faisant de l'ASM le deuxième club le plus titré derrière Auxerre (sept victoires). Les joueurs sont copieusement applaudis par les premiers supporters Nantais et Toulousains présents dans leur virage au moment du traditionnel tour d'honneur. C'est ça, aussi, l'esprit Coupe. La Gambardella et le Stade de France, un triste souvenir pour trois Pitchouns présents dans le groupe choisi par Montanier. Trois titulaires de la finale perdue en 2019 par le TéFéCé contre St-Étienne, les trois seuls à avoir déjà foulé cette pelouse : le gardien Thomas Himeur et les deux défenseurs Anthony Rouault et Moussa Diarra. Himeur (troisième gardien dans le groupe) ne sera pas sur la feuille de match ; quant aux deux autres, ils participeront quelques minutes à la fête.

19h45, les gardiens des deux équipes entrent sur la pelouse pour l'échauffement. L'accueil est plus difficile pour les Toulousains, mais la fédération a bien fait les choses. Ils vont s'échauffer en terrain conquis, au pied

du virage Sud attribué aux supporters des Violets. Les chants montent des tribunes. Les Nantais sont plus nombreux, mais cela reste équilibré. Le match n'a pas encore vraiment commencé. Au tour des joueurs de champ, des titulaires et des remplaçants de pénétrer sur la pelouse. Là, ce n'est plus pareil. Les Nantais font beaucoup plus de bruit, mais cela ne va pas durer. Petit à petit, le protocole se met en place. Dès la fin de l'échauffement, une immense coupe de France gonflable fait son apparition au centre de la pelouse. Dans les virages, les deux tifos se mettent en place, avec un bel hommage au Capitole pour les Toulousains. Quelques minutes avant l'entrée des équipes, les hymnes des deux clubs ont retenti. Celui de la Beaujoire, « Allez Nantais », et celui du Stadium, le traditionnel hymne occitan « Se Canto ».

20h55, Benoît Millot libère les vingt-deux acteurs. Ils viennent d'être salués en toute discrétion par le Président de la République, Emmanuel Macron. La cent sixième finale de l'histoire de la Coupe de France va pouvoir débuter. Le décompte est lancé par le speaker : 10… 9… 8… 7… Tous les joueurs passent à côté du trophée. La garde républicaine est prête pour l'interprétation de la Marseillaise. C'est la tradition. Les Toulousains donnent le coup d'envoi, tout de blanc vêtus, comme en championnat à domicile. Seuls les sponsors changent.

Toulouse est très vite récompensé !

Comme je suis au commentaire sur RMC, je décide de me refaire le match devant la télé quelques jours plus tard, pour m'imprégner encore plus de cette leçon de réalisme donnée par les joueurs du Toulouse Football Club. Et comme vous, toute ma vie je me souviendrai de cette soirée. Dès le coup d'envoi, le TéFéCé joue très haut et prend les Nantais à la gorge sur les premiers ballons. Un premier corner dès la 4ème minute pour Branco van den Boomen, qui trouve la tête du jeune défenseur de vingt-et-un ans : Logan Costa ouvre le score ! Le TéFéCé est déjà sur un nuage.

L'orage gronde, déjà, au-dessus des têtes des défenseurs des Canaris. 10ème minute de jeu, nous sommes à l'opposé du corner victorieux. Toujours van den Boomen, mais cette fois, c'est sur un coup franc. Le ballon est dévié au premier poteau par Girotto, qui croit avoir fait le plus dur. Spierings, en embuscade, remise immédiatement vers Logan Costa, seul et totalement oublié par la défense nantaise. Et il claque une nouvelle tête pour son premier doublé de sa jeune carrière. Quelle entame de match des Violets ! « Forza Viola » résonne dans le virage Sud. Philippe Montanier apprécie depuis sa zone technique, et les supporters n'en croient pas leurs yeux. Nantes tente de réagir avec Mohamed et une demi-volée qui prend la direction du but laissé vide par Haug. Le gardien Toulousain est encore occupé par l'action précédente, mais Suazo sauve cette situation devant sa ligne. Sur l'action suivante, le gardien norvégien du TéFéCé relance sur sa gauche avec Nicolaisen, qui trouve au milieu van den Boomen. La passe est immédiate et précise, dans la course de Suazo. Le couloir est libre. Ludovic Blas ne s'est pas replacé. Le Chilien contrôle vite et, du gauche, envoie un ballon vers Dallinga, dans le dos de trois Nantais. Le buteur néerlandais fait ensuite la différence, avec le geste juste et du sang-froid pour mettre un ballon piqué par-dessus Alban Lafont. 22ème minute, les Nantais n'en reviennent pas dans les tribunes. Et sur le terrain, c'est la consternation. « Quelle efficacité, quel réalisme ! » Fabien Lévêque, au commentaire sur France

Betclic

2, trouve les mots justes pour décrire ce qui se passe sous ses yeux. Et ce n'est pas fini ! À la demi-heure de jeu, encore un long ballon venu de derrière pour orienter le jeu à droite vers Aboukhlal. João Victor le devance de la tête, mais le ballon rebondit au sol et Spierings le contrôle de la poitrine pour se projeter aux 25 mètres avant de décaler, à gauche, dans la course, Farès Chaïbi, qui tente sa chance en entrant dans la surface de réparation. Lafont est à la parade, mais le ballon revient dans les pieds de Dallinga, qui n'en demandait pas tant pour inscrire aussi son doublé dans cette finale. Il reste moins de quinze minutes à jouer, et Nantes vit un véritable cauchemar en étant mené 4 à 0. Deux doublés : Logan Costa et Thijs Dallinga. Le TéFéCé est chirurgical ! Les supporters nantais sont effondrés dans les tribunes. Ils grondent. Le reste du match n'est que gestion, même si Antoine Kombouaré fait rentrer du sang frais après la pause. Moses Simon, Florent Mollet et Nicolas Pallois sortent. Ignatius Ganago, Andy Delort et Samuel Moutoussamy prennent leurs places. Ludovic Blas aura plus de liberté.

73ème minute, les Nantais, avec Fabien Centonze, tentent de percer la défense toulousaine. Nicolaisen accroche l'ancien Messin dans la surface. Pénalty indiscutable, même si Philippe Montanier se plaint auprès du quatrième arbitre car Spierings était resté au sol sur l'action précédente. Pour l'honneur, Ludovic Blas transforme le pénalty. Il reste un quart d'heure à jouer. Seul Djibril Cissé sur France 2 veut essayer d'y croire, ou de faire croire.

« Et pourquoi pas... » Eh bien non.

78ème minute, le TéFéCé enfonce le clou sur un coup franc de van den Boomen à 20 mètres. La frappe est ralentie par les pieds de Sissoko. Rafael Ratão met la pression sur Ganago, qui repousse le ballon à l'extérieur de la surface où se trouve Aboukhlal. L'international marocain s'essaye, sans se poser de questions. Une frappe puissante qui transperce une forêt de jambes pour finalement remonter sous la transversale d'Alban Lafont. Un chef d'œuvre pour clôturer ce récital toulousain. « Oh Toulouse ! » C'était écrit, mais personne n'était vraiment au courant que cette formation, un an presque jour pour jour après la montée en Ligue 1, puis un titre de champion de France de Ligue 2, allait soulever la coupe de France en ce samedi 29 avril 2023.

Toulouse remporte la cent sixième finale et entre dans l'histoire de cette compétition, non seulement en menant rapidement 4-0, mais aussi par l'ampleur du score : 5-1. Un si grand écart en finale, du jamais vu depuis 1970 et une victoire de Saint-Étienne face à… Nantes : 5-0. Décidément, quand Toulouse atteint la finale de la « Vieille Dame », il se passe toujours quelque chose, preuve en est celle de 1957, toujours la plus prolifique de l'histoire avec neuf buts marqués (6-3) pour le match opposant le TéFéCé face à Angers. Guy Roussel, le gardien de but toulousain de l'époque et dernier survivant de cette génération, a apprécié, lui aussi, devant la télévision.

LE FILM DU MATCH...

4' - 0-1

Corner pour Toulouse, frappé par Branco van den Boomen depuis le côté droit. Dans la surface, Logan Costa devance Andrei Girotto pour placer sa tête et ne laisser aucune chance à Alban Lafont. Les Violets ouvrent le score.

8'

Nicolas Pallois est en retard au marquage sur Zakaria Aboukhlal. Il commet une faute, et offre un coup-franc au TéFéCé. La tentative de Branco van den Boomen termine directement dans le mur.

10' - 0-2

Nouveau coup franc pour le TéFéCé, côté gauche, avec Branco van den Boomen pour le frapper au premier poteau. Girotto dévie de la tête mais prolonge la trajectoire du ballon au second poteau, où se trouve Spierings, seul. Il remet dans la boîte et Logan Costa place encore sa tête. Alban Lafont est à nouveau battu, les Violets font le break.

12'

Corner pour Nantes, cette fois, côté gauche. Kjetil Haug est un peu court mais parvient à boxer le ballon. Mostafa Mohamed tente sa chance, et oblige Gabriel Suazo à sauver la tentative nantaise sur sa ligne de but.

23' - 0-3

Toulouse est en difficulté face à la réaction des Nantais, mais c'est sur un contre que le TéFéCé va finir d'achever les Canaris. Le défenseur chilien Suazo, de plus de 50 mètres, lance le contre avec un relais rapide sur Brecht Dejaegere, avant d'envoyer un bijou de passe dans le dos des défenseurs nantais. Alban Lafont manque sa sortie et Thijs Dallinga, d'un piqué plein de sang-froid, en profite pour glisser le ballon dans les filets du FCN.

31' - 0-4

Branco van den Boomen décale Farès Chaïbi, esseulé à gauche, pour lui permettre d'arriver lancé dans la surface. Sa frappe est détournée par Alban Lafont, mais le ballon revient dans les pieds de Thijs Dallinga, plein axe, qui conclut du droit, aidé par le poteau rentrant (4-0).

MI-TEMPS

Quatre buts en finale en quarante-cinq minutes, inédit depuis 1955 !

46'

Antoine Kombouaré procède à des premiers changements : Nicolas Pallois est remplacé par l'ancien toulousain Andy Delors, Florent Mollet par Samuel Moutoussamy, et Moses Simon par Ignatius Ganago.

57'

Les Nantais sont mieux dans le jeu. Les changements apportent de la fraîcheur, et Ludovic Blas est plus disponible pour le collectif. Sur un corner du capitaine nantais, Kjetil Haug manque sa sortie, mais Moussa Sissoko rate le cadre.

66'

Nouveau changement opéré par Antoine Kombouaré : João Victor est remplacé par Quentin Merlin.

67'

Nouveau corner frappé par Ludovic Blas sur le côté droit. Kjetil Haug est encore en difficulté dans les airs, mais Jean-Charles Castelletto est sanctionné pour une faute dans la surface de réparation.

75' - 1-4

Les efforts des Nantais sont enfin récompensés. Fabien Centonze réussit à transpercer la défense toulousaine. Rasmus Nicolaisen le tacle de façon irrégulière et offre un pénalty indiscutable à Nantes, transformé par Ludovic Blas.

79' - 1-5

Toulouse est sur un nuage. Branco van den Boomen frappe un coup franc aux 18 mètres, plein axe. Le ballon est repoussé par le mur, puis retouché par un défenseur nantais, avant de revenir vers Zakaria Aboukhlal, qui frappe fort du pied droit dans une forêt de jambes, pour loger le ballon sous la barre transversale de Lafont.

29
MERLIN
6
ABOUKHLAL
Betclic
Betclic
27
17

TOULOUSE FC
FFF
Betclic
TOULOUSE FC
ENCADRER L'EQUIPE
ENCADRER L'EQUIPE
LE CAPITOLE VIOLET
FINALE 29.04.2023
VAINQUEURS

CHAPITRE 7

PHILIPPE MONTANIER, *la troisième sera la bonne!*

Philippe Montanier était peut-être au bon endroit, au bon moment, mais il sait, mieux que bien d'autres, que lorsque des opportunités se présentent, il faut les saisir. En l'espace de deux ans, il s'est hissé à la tête d'une équipe qu'il a menée jusqu'au titre de champion de France de Ligue 2, lui permettant ainsi de retrouver l'élite, de se maintenir lors d'une saison impitoyable faite de quatre relégations, et de remporter un titre majeur, la Coupe de France. Un succès qui permettra au TéFéCé de regoûter aux saveurs européennes, quatorze ans après la dernière campagne du club dans cette même Ligue Europa.

Les expériences de Philippe Montanier en Espagne, en Angleterre et en Belgique ont forgé sa réputation et modelé son management d'un effectif cosmopolite. L'homme à la casquette vissée sur la tête les jours de matchs, comme l'un de ses illustres prédécesseurs chez les Violets, sait faire passer les consignes et les messages. Il est aussi habile dans la communication auprès de son groupe qu'avec les journalistes, auxquels sa malice, sa courtoisie et son charme inspirent la sympathie. Mais derrière ces apparences et cette proximité germait un rêve qui a fini par se réaliser : amener les supporters toulousains au Stade de France. Un vœu devenu secret de polichinelle au fil des tours, traduit par un degré d'exigence qui a sans doute été l'une des clés de ses succès sur l'île du Ramier.

L'entretien qu'il a accordé pour les besoins de ce livre a été réalisé avant que sa collaboration avec le club ne prenne fin, et que la direction du club ne lui désigne comme successeur Carles Martinez Novell, son adjoint arrivé de Catalogne en décembre dernier. Philippe Montanier a pris le temps de revenir précisément sur ce parcours en

Coupe de France. Une victoire à plus d'un titre pour celui qui avait échoué à deux reprises au Stade de France, d'abord en tant qu'adjoint de Robert Nouzaret avec Bastia, en 2002 (défaite 1-0 face à Lorient), puis en 2014 à la tête, cette fois, du Stade Rennais (défaite 2-0 contre Guingamp). Par la même occasion et pour le plus grand bonheur du TéFéCé, il donne ainsi tort à un certain adage ne voulant jamais deux sans trois.

Brecht Dejaegere, votre capitaine, nous expliquait que c'est à partir du match face à Reims, en huitième de finale qu'il a compris qu'il y avait quelque chose à faire dans cette Coupe de France. C'est aussi votre sentiment ?

Oui, c'est un élément déclencheur, parce qu'on accède au quart de finale. Et à partir du quart, tout est possible. Il reste deux matchs pour aller au Stade de France. Et le fait d'éliminer Reims, qui était vraiment une très bonne équipe, m'a montré qu'on avait du répondant et qu'on était prêts à faire une épopée.

Est-ce que ça veut dire qu'à partir de ce moment-là, quand vous commencez à remettre des titulaires dans la composition de départ, votre discours est un peu différent par rapport aux joueurs ?

Non, parce qu'ils savaient que ça faisait partie du lot. Lors des premiers tours, on fait tourner l'effectif, et plus on avance dans le tableau, plus on va mettre l'équipe la plus performante du moment. Ça, les joueurs le savent.

Par rapport à votre parcours et à l'accès en demi-finale, vous jouez trois matchs à domicile, vous n'affrontez pas de « gros cador », vous avez un tirage plutôt favorable. Vous dites-vous que le parcours est quand même intéressant ?

C'est vrai qu'on a eu des circonstances favorables avec le tirage, mais c'est souvent le cas quand on va très loin en Coupe et quand on la gagne. On s'aperçoit que c'est peut-être mieux de recevoir Rodez que d'aller jouer à Marseille. Quoique, quand on voit ce qu'Annecy a réussi à faire à Marseille, on comprend que tout est possible en Coupe. Mais on est conscients qu'on a su profiter de ces circonstances favorables, et on a surtout su saisir les opportunités qui se présentaient à nous, en répondant présents chaque fois.

Avec un peu de recul, quand on revoit tout le tirage et les matchs joués, vous dites-vous que cette Coupe de France était pour vous, qu'elle ne pouvait pas vous échapper ?
Pas trop, parce qu'on sait très bien que Rodez à domicile, ça aurait pu mal se passer, comme Marseille avec Annecy. Mais on est conscients qu'on a eu des bonnes circonstances, et surtout qu'on avait envie de jouer notre carte à fond. Et que si des circonstances favorables se présentaient, il fallait en profiter.

Arrive ensuite cette demie à Annecy. C'était un contexte particulier : un club de Ligue 2, un vieux stade, une pelouse très moyenne. Ça sentait le piège. L'avez-vous ressenti sur place ?
Oui, un vrai piège mais j'étais prévenu, surtout pour la pelouse. J'avais questionné des collègues de Ligue 2 et tous m'ont parlé de la qualité de cette équipe d'Annecy, avec la difficulté de jouer chez eux en raison de la qualité de la pelouse. Et tous m'ont dit : « Annecy, ils ont une grande générosité, ils pressent partout. Mais surtout, on ne peut pas appliquer son jeu. » Surtout le nôtre, qui est un jeu basé au sol, sur la possession, donc difficile à appliquer. Avec toutes ces circonstances, ça sentait le piège à plein nez. Et pour l'anecdote, même Laurent Guyot (l'entraîneur d'Annecy) m'avait demandé de parler de la pelouse parce que lui, il se la tape tous les quinze jours ! Ce fut un vrai problème pour nous. Cela restera le plus mauvais match de notre parcours, mais on s'est qualifiés pour la finale.

En conférence de presse, vous revenez sur le match, le contexte, puis immédiatement, vous dites : « On est en finale. Cette finale-là, il faut la gagner. » En tant qu'entraîneur principal et adjoint, vous avez vécu deux défaites. Est-ce que c'est ce même discours que vous avez tenu dans le vestiaire ?
Oui, et le premier à le tenir, c'était le président. Parce que, lui comme moi, on a connu des défaites. Et forcément, je l'ai rejoint parce qu'on reste très marqués par les défaites en finale de Coupes. Mais marqués à vie. Quand on va en finale, on sait très bien, le président et moi, que la finale c'est une chose, mais il faut la gagner, sinon c'est un enfer. Donc on a tout de suite posé les jalons en disant : « Les gars, c'est bien, mais ça ne peut être super que si on la gagne. »

Aviez-vous peur de tomber dans une forme de suffisance, dans la mesure où, pour certains, le simple fait d'aller au Stade de France pouvait déjà ressembler à une mission accomplie ? Dans votre rôle de coach, avez-vous dû maintenir concernés certains joueurs qui pouvaient penser que le plus dur était déjà fait ?
Oui, mais c'est pour ça que le discours juste après match a été très clair en expliquant

qu'on avait rapidement des échéances importantes en championnat, mais il fallait inculquer l'idée qu'aller au Stade de France, ce n'était pas une fin en soi. Une finale, c'est bien, mais ce n'est pas suffisant. Une finale n'est bien que si elle est gagnée. Et ça, je pense que c'est un message qui a été transmis très tôt, qui a été répété en boucle, pour que les joueurs se disent qu'il fallait absolument la gagner. Ça n'a de beauté que si on la gagne.

Avez-vous le sentiment que c'est un match qui a été préparé de façon totalement différente de tous les autres matchs de la saison ?
On l'a préparé très tôt, à tel point qu'avant la demi-finale et après la demi-finale, on s'était préparés aux pénaltys. On avait tout un protocole. Deux fois, trois fois par semaine, les joueurs répétaient leurs pénaltys. L'idée, c'était de se dire que si on allait aux « pénos », on serait prêts. C'était aussi une manière de préparer la finale pendant le quotidien du championnat.

Vous faites partie des coachs qui disent que les tirs au but sont des actes techniques, ce n'est pas la loterie. C'est une phase technique importante que vous avez particulièrement travaillée ?
Chacun a ses convictions, mais moi j'étais gardien, et je sais qu'un pénalty qui est bien tiré, il ne s'arrête pas. Donc ça se prépare. Alors c'est vrai qu'après, on n'arrive pas toujours à retracer parfaitement le contexte émotionnel, même si à chaque fois qu'on s'entraînait, on préparait notre série dans le protocole du match, sur le Stadium, devant des tribunes, devant un stade de Ligue 1, etc. Donc on a essayé de conditionner les joueurs au maximum, et j'en veux pour preuve qu'il y en avait un, Mikkel Desler,

qui m'avait dit : « Moi, Coach, je n'ai jamais tiré de pénalty de ma vie. » Je lui ai dit : « Il faut que tu t'entraînes. » Et à chaque fois, je demandais aux gardiens ce qu'ils en pensaient, et ils m'ont dit que Mikkel tirait super bien, qu'il n'en loupait jamais, que c'est « net » à chaque fois. Alors je vais le voir, et il me dit : « Coach, c'est la première fois que je tire des pénaltys, je n'ai pas l'habitude d'en tirer, mais à force de le faire, je me sens en confiance. Alors si jamais il faut y aller, je ne veux pas être dans les cinq premiers, mais s'il faut tirer, je serai prêt. » Et le but c'était ça, c'était de dire qu'on serait prêts, que ce soit pour les coups de pied arrêtés, que ce soit pour les pénos, ou sur nos ressorties de balles. L'objectif, c'était de dire : « On ne sait pas si on gagnera la finale, mais en tous les cas, on sera prêts. »

Aviez-vous votre liste en tête pour les tirs au but, ou pouvait-elle évoluer ?

Elle pouvait bouger, parce que souvent, je démarre avec mon onze, qui sont normalement les meilleurs joueurs, et je fais quatre ou cinq changements. Et dans ces changements, il peut y avoir mes deux ou trois meilleurs tireurs. C'est pour ça qu'il fallait préparer tout le monde, pas seulement dix joueurs, mais tout le groupe. Et au fur et à mesure des entrées et des sorties, les adjoints réajustaient la liste de manière que, dès le coup de sifflet final, tout soit clair pour tout le monde et qu'on ne soit pas à se demander qui allait tirer. Je savais qui était numéro un, deux, trois, quatre, cinq, jusqu'à dix.

« La préparation de la finale était aussi émotionnelle ! »

Vous partez en Île-de-France dès le jeudi. Ce n'est pas une prise de risque de ronronner, de s'ennuyer, d'être un petit peu perturbés par la préparation ?

Non, déjà parce qu'on va dans un bel endroit où nos frères du Stade Toulousain ont l'habitude d'aller quand ils sont en finale, qu'ils ont souvent gagnée. Alors déjà on a des ondes positives, et leurs conseils étaient vraiment adaptés. On part le jeudi, parce que si on part le vendredi, il faut aller à l'aéroport, puis à l'hôtel, après aller au Stade de France avec toute la circulation qu'il peut y avoir, faire la conférence de presse et faire l'entraînement de veille de match au Stade de France. Et je n'ai pas trouvé ça très bon les deux dernières fois que je l'avais fait, parce que les joueurs regardent beaucoup le stade, on sait qu'on peut être regardés également. Donc nous, on avait un autre plan d'action, qui était d'arriver le jeudi, de faire un entraînement le vendredi matin à Chambly. D'ailleurs, on les remercie pour leur disponibilité et leur efficacité. Ils nous ont prêté leur installation avec leur terrain d'honneur hybride, donc on a fait toutes nos séances de coups de pied arrêtés, toute notre préparation tactique le vendredi matin, pour que l'après-midi au stade de France, on soit plus en décontraction. Un petit toro, manière de prendre du plaisir d'être dans ce magnifique stade que quasiment tous les joueurs découvraient. On leur a montré où seraient leurs familles, parce qu'on sait que la première chose que font les joueurs quand ils rentrent sur le terrain le jour de la finale, c'est de voir où sont les familles. Donc on en a profité pour régler tous ces détails-là. On leur a expliqué le protocole qui allait être long, avec les hymnes nationaux, le stade plein et coloré. La préparation de la finale était aussi émotionnelle. Ma crainte, c'était que l'émotion – parce que je l'ai connue deux fois – impacte trop les joueurs et les fasse déjouer. Donc on a essayé de montrer tout ce qui allait se passer émotionnellement pour que le jour J, on soit prêts. À tel point que pendant que le Président de la République était en train de saluer les joueurs de Nantes, dans le couloir et non pas sur le terrain, on avait tout un protocole pour qu'on reste dans la partie. Parce qu'entre le moment où l'on quitte le vestiaire et le début du match, c'est deux fois plus long que d'habitude. Et souvent, les joueurs peuvent se perdre.

Aviez-vous le sentiment qu'il fallait vraiment protéger l'environnement, même sur l'aspect tactique et sur d'éventuelles fuites ?

On essaye toujours. Mais « l'espionite », je n'y croyais pas trop, parce que je savais qu'Antoine (Kombouaré, le coach du FC

Nantes) n'était pas dans ce registre-là. Il est plutôt concentré sur son équipe. Cela étant, il n'y avait pas de grosses surprises de notre côté, je pense que les journalistes avaient déjà annoncé l'équipe. Mais on était vraiment dans un cadre très calme à Chambly, il n'y avait que nous et les quelques dirigeants de Chambly. C'était dans un environnement très studieux pour nous entraîner, plutôt que de le faire au Stade de France, dans un environnement qui n'était, à mes yeux, pas adapté.

Sur quoi votre discours avant la finale était-il basé ?

L'émotion est tellement grande pour cet événement-là qu'il ne faut pas en rajouter. Le discours a été surtout très pragmatique sur ce qu'on devait faire. Défensivement, offensivement, etc. Et forcément, j'ai eu un petit mot à la fin, en faisant apparaître la coupe sur le Capitole, pour leur dire qu'il fallait qu'on ramène la coupe de France au Capitole. Mais tout ce qui s'est dit avant était très formaliste, c'était plus technico-tactique qu'émotionnel, parce que je savais que naturellement, l'émotionnel serait au rendez-vous.

1-0, 2-0, 3-0, 4-0... De quelle manière vivez-vous le scénario du match ?

J'avoue qu'à 4-0, je me suis assis et j'ai dit à mes adjoints : « Je regarde le tableau d'affichage, parce que 4-0 au Stade de France, en trente minutes, je ne suis pas sûr de le revivre tous les jours. » Mais après, on reste dedans, parce qu'on se dit que ce n'est pas terminé, on l'a encore vu la saison dernière, peu après la finale lors du match Lyon-Montpellier, qu'on peut mener 4-1 et perdre 5-4. Donc on reste toujours dans ce qu'on doit faire, dans nos ressorties de balles, dans notre pressing, dans nos retours défensifs. Et comme on se l'est dit à la mi-temps : on peut prendre un but, on peut prendre deux buts... Il faut qu'on reste dans tout ce qu'on a préparé. Et forcément, si on met le cinquième, c'est fini, la coupe va aller au Capitole.

C'était le match parfait ?

Parfait, non, parce qu'on prend un but. Mais on n'en était quand même pas loin dans l'aspect offensif, puisqu'on fait presque un carton plein sur nos occasions de but, sur la mentalité des joueurs, sur les retours défensifs. N'oublions pas qu'il y a un tournant lorsque Gabi Suazo sauve le ballon sur la ligne à 2-0. Si Nantes revient à 2-1, ça prend peut-être une tournure différente mais tout le monde était là où il fallait être. D'habitude, il y a toujours quelque chose, un petit rouage qui bloque, mais là, il n'y a rien eu du tout. Tout le monde a répondu présent.

Brecht expliquait aussi que tout était planifié, tout était prévu : où faire la passe, quand, comment ?

Oui, on l'a vu dans nos sorties de balle, on avait prévu certains mouvements et certains décrochages. On savait que Nantes allait nous serrer, aller « jumper » sur nos porteurs de balle, ceux qui devaient attirer les milieux pour jouer dans le dos. Tout ce qu'on avait prévu s'exécutait, les joueurs ont récité la partition à merveille. On a vraiment eu la bonne inspiration au bon moment.

FFF
VAINQUEURS
2023
TOULOUSE

Vous expliquiez vous être rapproché du Stade Toulousain avant la finale. Quels étaient vos échanges avec Ugo Mola, votre homologue en Rouge & Noir ?
Je n'ai pas un esprit rugby, mais on connaît le rapprochement que font les deux clubs, et il en va de même entre Ugo et moi. Donc la première des choses, c'est que je suis allé le voir à l'entraînement, et on a discuté de ses différentes finales, sur les points auxquels il fallait faire attention. On s'est nourri de leur expérience, c'est sûr. J'avais aussi disputé deux finales que j'ai perdues, donc on a emmagasiné un maximum d'expérience pour nourrir les joueurs et qu'ils soient préparés du mieux possible.

« On parlait tous la même langue. Celle du TéFéCé. »

Par rapport à la demi-finale, vous parliez de soulagement au coup de sifflet final. De quoi parleriez-vous au coup de sifflet de la finale ?
C'est le couronnement, c'est historique. On avait parlé, en demi-finale, du fait que ça faisait soixante-six ans que le club n'avait pas vu ça. On a plutôt eu ce sentiment d'être chanceux, honorés, d'offrir au club, à la ville, à toute une région, un titre qui était attendu depuis longtemps. Il y a eu beaucoup de joie, puis de la fierté. Les supporters étaient avec nous depuis deux ans, il y avait une ferveur fantastique, c'était une récompense pour eux, et un cadeau à leur faire qui était immense.

On vous a vus immédiatement, tous ensemble, avec votre staff, aller voir le public. Il y avait vraiment cette envie de communier, de partager ce bonheur…
Oui, mais c'est normal. Comme on le dit souvent, on vient au foot pour deux raisons. Une, parce qu'on est passionnés par le jeu et par le partage. Sinon, on pratiquerait un sport individuel. Et ce qui nous intéresse, c'est bien sûr de gagner, mais gagner tout seul, ça n'a pas trop de sens. On se rend bien compte qu'on peut, grâce à ce métier-là, rendre les gens heureux. Et ça, c'est un grand privilège. Donc la première des choses, c'est d'être heureux d'avoir gagné. Et la seconde, c'est de partager cette joie.

Quand vous rentrez à Toulouse, que vous arrivez sur la place du Capitole et que vous voyez que c'est violet de monde, que ressentez-vous ?
C'était déjà la dernière image de la causerie, qui avait pour but de dire qu'il fallait qu'on ramène la coupe au Capitole. Donc forcément, quand on l'a gagnée, on n'a eu qu'une obsession, c'était de la présenter aux Toulousains. Le club et le président avaient bien organisé les choses. Déjà, on a passé du temps avec nos familles, j'ai eu l'occasion d'avoir ma fille à l'hôtel avec la coupe. Il faut savoir que tous ces détails pris en charge par le club, de bien préparer la finale, de bien s'occuper des familles, etc., c'est déterminant. Ça peut perturber les joueurs et vous foutre une finale en l'air. Donc ça, ça a été parfaitement exécuté. Est ensuite venue l'impatience de dire : « Maintenant, on y va. Allons présenter la coupe de France à tout le peuple violet. »

Vous êtes monté en Ligue 1 avec le TéFéCé, vous êtes vainqueur de la Coupe de France,

vous avez assuré le maintien. Que ressentez-vous, avec un peu de recul, sur votre passage au TéFéCé ?
Il y a de la joie déjà, de la fierté. On m'a fait confiance pour préparer un groupe pour accéder à la Ligue 1. Et on a fait mieux, parce qu'on a été champions de France. Puis on avait l'envie de retrouver l'ADN du club. J'avais une grande photo de Beto Márcico et d'Alberto Tarantini dans mon bureau. L'ADN du TéFéCé, c'est ça, c'est Beto, c'est Rocheteau, c'est Stopyra. On avait envie de retrouver ça. En battant le record de buts dès la première année, c'était aussi une manière de dire : « Nous revoilà dans l'ADN du club et dans la continuité. » Alors c'est sûr que c'était une grande joie, une grande fierté et aussi une envie de continuer, d'aller le plus haut possible. On n'est jamais rassasiés. Le problème dans le foot, c'est que quand vous avez réussi quelque chose, vous êtes heureux et vous vous dites « Après, on passe à quoi ? »

Pour finir, dans le vestiaire, il y avait vingt-et-une nationalités la saison dernière. Dans quelle langue pratiquiez-vous vos causeries ? Et de quelle manière arriviez-vous à gérer autant de nationalités différentes ?
Pour les causeries, même pour les explications sur le terrain, je me traduisais. C'est-à-dire que je commençais toujours en français, et je traduisais tout de suite derrière en anglais. Après, lors des entretiens individuels, les joueurs préféraient que ce soit dans leur langue natale. Avec les Sud-Américains, tout se faisait en espagnol, parce que j'estimais que c'était important qu'ils soient à l'aise lorsqu'ils devaient communiquer avec le staff ou moi-même. Mais je vais citer une phrase de Raynald Denoueix (ancien entraîneur de Nantes), que j'ai encore souvent au téléphone, qui dit : « Un joueur de foot, ça vaut cher. Deux joueurs de foot, ça vaut très cher. Mais la relation entre les deux, ça n'a pas de prix. » Et moi, mon métier, c'est ça. C'est de développer les relations entre les joueurs, quelles que soient leurs valeurs, quelles que soient leur personnalité, leur nationalité, et d'en faire une équipe qui joue, comme on a pu le voir au Stade de France, avec la même partition, même si on ne parle pas le même langage, même si on n'a pas la même culture, même si on ne vient pas du même continent. Mais quand on se retrouvait, on parlait tous la même langue : celle du TéFéCé, celle du jeu qu'on veut jouer. C'est ça le plus important.

Ça reste un avantage de se retrouver avec autant de nationalités ?
L'expérience que j'ai eue, en ayant entraîné à l'étranger, en Espagne, en Angleterre et en Belgique, fait que j'ai tout de suite été à l'aise avec un effectif cosmopolite. Les joueurs ont bien senti que j'ai entraîné des Danois, des Hollandais, des Espagnols, des Chiliens, etc., donc j'avais l'habitude de gérer différentes personnalités venant de différentes cultures et de langues différentes. Je savais, pour avoir été expatrié, que lorsque vous n'avez pas votre famille auprès de vous, vous êtes tout seul. Donc vous vous retournez naturellement vers d'autres expatriés. Ce qui fait qu'on a très vite eu une bonne osmose, parce que les Hollandais se sont automatiquement retrouvés. Et les autres communautés ont fait la même chose. Donc ça a

créé du lien. Autre chose qu'il faut préciser : les Américains disent « Happy wife, happy life » (Une épouse heureuse, une vie heureuse). Seiji Rose (Team Manager) et Léonie Caubet (Player Liaison Officer) se sont très bien occupés des femmes de joueurs, qui étaient heureuses, qui s'entendaient bien et qui faisaient des choses ensemble. Donc on a tout de suite, malgré un effectif cosmopolite, trouvé une unité même en dehors du terrain. Et finalement, avoir plusieurs nationalités a peut-être été un facteur de cohésion. Peut-être plus que si on avait eu un effectif de joueurs franco-français concentrés sur leur famille, donc peut-être plus éloignés de leurs coéquipiers.

Quand on constate évidemment l'attente qu'il y avait autour de la Coupe de France à Toulouse, vous accordez-vous le compliment d'avoir écrit l'histoire ?

J'avais dit aux joueurs qu'il était très rare, dans une vie, d'écrire une page de l'histoire d'un club. Dans vingt ans, quand ils reviendront à Toulouse, tout le monde s'en souviendra. C'est quelque chose qui restera à vie. Toute leur vie. Même quand ils se recroiseront. Alors, est-ce qu'on en prend conscience ? Peut-être pas. Cependant, on avait beaucoup parlé du fait que tout s'achète, sauf ça. Créer ça entre un groupe d'hommes, ça lie à vie et ça laisse des souvenirs impérissables. La plupart des joueurs, lorsqu'ils reviendront dans vingt ans, seront fêtés comme des héros. C'est ça qui reste. On leur a mis ça en tête très tôt. Je pense qu'ils en étaient conscients. Et maintenant, ils seront fiers de l'avoir fait.

CHAPITRE 8

DU STADIUM AU STADE DE FRANCE
avec le Kapo (Alexandre ROUX)

Debout, toujours, depuis ses dix-neuf ans, sur son estrade de métal, Alexandre Roux (vingt-six ans) n'en a pas moins la tête sur les épaules. Voilà sept saisons qu'il s'égosille au Stadium et à l'extérieur pour assurer l'ambiance d'un virage qui en a à revendre – encore faut-il que les principaux bénéficiaires de cette débauche d'énergie en mettent autant sur le terrain. Fan du TéFéCé depuis son tout jeune âge, aidé par une mère qui l'a emmené très tôt voir ses premiers matchs au Stadium, il s'est rapproché du virage Brice Taton, puis du principal kop de supporters, les Indians Tolosa 93, qu'il a fini par rejoindre. Avant de prendre ses responsabilités et d'y affirmer son leadership en prenant la relève de Paul Cometto comme capo et président du groupe. Il revient sur la fierté retrouvée de soutenir le TéFéCé, et sur les indescriptibles émotions procurées par le parcours en Coupe de France, dont les Indians Tolosa ont été les parfaits relais, non seulement auprès des supporters des Violets, mais surtout auprès de tous les Toulousains.

> « On ne se cache plus quand on est dans notre ville. »

Y a-t-il des choses qui ont changé entre le moment où vous rejoignez les Indians et aujourd'hui ?
Quand je suis arrivé dans le groupe, c'était en 2014. Les années un peu chiantes, jusqu'à la terrible saison de la descente en Ligue 2 en 2020. Ensuite, il y a eu le rachat du club où là, tout a changé. Un nouveau projet. Un projet ambitieux. Du jeu sur le terrain avec du spectacle. Un respect de la direction envers les supporters. Le tout conjugué avec le retour des supporters dans les stades après le Covid. Tous ces éléments cumulés ont fait que notre tribune (Brice Taton) a complètement explosé. La saison dernière, par exemple, on a affiché complet à chaque

rencontre, et c'est maintenant une tribune qui est un vrai plus pour le club.

On parle de deux mille cinq cents membres au total ?
On a atteint ce chiffre sur la campagne d'abonnements 2023-2024, et les engagements sont allés très vite. C'est fou ! Il y a encore plus de demande que de places disponibles. C'est incroyable. C'est quelque chose qui était inimaginable pour nous, ne serait-ce que trois ans en arrière.

En trois ans avec la nouvelle direction, le profil du supporter du TéFéCé a perdu douze ans de moyenne d'âge. Le ressentez-vous au niveau de l'ambiance, depuis votre virage qui est le poumon du Stadium ?
On n'arrive peut-être pas à faire en sorte que le stade nous suive pendant quatre-vingt-dix minutes, mais à certains moments du match, on a vraiment tout le Stadium avec nous, jusqu'à avoir de véritables poussées. Et ça, on ne l'avait pas avant. Il s'est passé des choses sur le terrain qui ont donné envie aux gens de venir ou de revenir. Au-delà de ça, les gens qui sont au stade savent qu'ils vont passer un bon moment en tribunes, avec une bonne ambiance, et ils vont se régaler. Alors qu'avant, ce n'était pas la même chose. On venait au stade et on savait qu'on allait s'ennuyer, pour ne pas dire autre chose... Nous, les Indians, on s'évertue à mettre l'ambiance pendant tout le match. On peut dire qu'on est le poumon, parce que tout le reste du virage nous suit sans avoir vraiment besoin de forcer et cela entraîne tout le stade. Surtout, beaucoup de jeunes aujourd'hui sont fiers de supporter Toulouse, alors qu'avant, un jeune au collège ou au lycée, s'il mettait son maillot du TéFéCé, il était moqué. Maintenant, avec les résultats, ça n'existe plus. Ça prouve le changement. Les supporters du Tèf sont décomplexés, et on le voit aussi en ville. On croise de plus en plus de gens avec des maillots. Je pense qu'il y a eu un déclic pendant la première saison de Ligue 2, où les gens qui aiment le club se sont rendu compte que quand on s'y met tous, on peut mettre une vraie ambiance au Stadium en vivant de beaux moments de ferveur. Et maintenant, voilà ! (Avec beaucoup de fierté dans la voix) On est Toulouse ! On est le TéFéCé ! On ne se cache plus quand on est dans notre ville, et on est fiers de supporter ce club.

Avez-vous de nouveaux chants chaque saison ?
On essaye de rafraîchir le répertoire chaque saison, effectivement, avec un ou deux nouveaux chants.

Nouveau chant datant de cette saison :
« Rien à foutre des trophées,
Quand tu as ma fierté.
Elle s'appelle Tolosa,
Mon seul amour c'est toi. »

Chant lancé pour la première fois saison 2021-2022 :
« C'est la meilleure tribune du championnat
Le Virage Brice qui chante pour Tolosa
Tous obsédés par la même idée
Encourager les gars du TéFéCé ! »

Le « Se Canto » a retrouvé une place majeure au Stadium. Mais il n'a pas toujours été repris en chœur comme il l'est aujourd'hui... Il n'est pas si ringard, finalement ?

Ce chant, c'est nous, les Indians, qui l'avons amené au Stadium. À l'époque, cinquante Indians le chantaient dans le virage, il y a une quinzaine d'années, à l'époque de la remontée avec le président Olivier Sadran. Ensuite, le club a décidé d'en faire l'hymne sans nous en parler. Sauf qu'ils l'ont mis à l'entrée des joueurs sur la pelouse. Et à ce moment-là, ce n'est pas le chant qui va le plus booster les joueurs avant un match (rires)... Il y a eu des discussions avec la nouvelle direction, où on s'est dit qu'il valait peut-être mieux le mettre dix minutes avant l'entrée des joueurs. Au moment où les joueurs sont au vestiaire. Petit à petit, ça a finalement pris, jusqu'à ce que le « Se Canto » soit repris aujourd'hui dans tout le Stadium. Mais la sono prend le dessus sur les voix, c'est pour cela que pendant les matchs, il nous arrive de l'interpréter a cappella. Et je suis sûr qu'au fur et à mesure, on sera suivis par tout le stade. Par exemple, contre Montpellier (le 2 octobre 2022) lors du derby occitan, on avait décidé de le lancer à la 31ème minute et on menait déjà 3-1 (il sourit)...

SE CANTO

1er couplet

Se canto, que canto,
Canto pas per iéu,
Canto per ma mio
Qu'es aluen de iéu.

S'il chante, qu'il chante,
Ce n'est pas pour moi,
Il chante pour ma mie
Qui est loin de moi.

2e couplet

E souto ma fenestro
I a un auceloun,
Touto la nuech canto,
Canto sa cansoun.

Et sous ma fenêtre
Il y a un petit oiseau,
Toute la nuit il chante,
Chante sa chanson.

3e couplet

A la fouònt de Nime
I a un amandié
Que fa de flour blanco
Coume de papié.

À la fontaine de Nîmes
Il y a un amandier
Qui fait des fleurs blanches
Comme du papier.

4e couplet

Aquelei mountagno,
Que tant auto soun,
M'empachon de vèire
Meis amour ounte soun.

Ces montagnes
Qui sont si hautes
M'empêchent de voir
Où sont mes amours.

5e couplet

Bassas-vous mountagno,
Plano aussas-vous,
Per que pouosqui vèire
Meis amour ounte soun.

Baissez-vous, montagnes,
Plaines, élevez-vous,
Pour que je puisse voir
Où sont mes amours.

6e couplet

Aquelei mountagno,
Tant s'abaissaran
Que meis amoureto
Apareisseran.

Ces montagnes
S'abaisseront tellement
Que mes amourettes
Apparaîtront.

REPLAY
FORZA VIOLA
IDS
PRESENTS

Cela vient d'une vraie prise de conscience des nouveaux dirigeants, qui réfléchissent à tout. Comme cette signature, « Debout. Toujours. », à laquelle vous avez été directement ou indirectement associés. Cela vous a-t-il aidé à faire venir du monde ?
Il y a pas mal de gens qui sont aujourd'hui chauds bouillants quand ils viennent au Stadium, et qui étaient peut-être avant dans d'autres tribunes où c'était plus calme. Il y a des nouveaux qui sont arrivés, et qui ont rapidement compris que venir au stade, c'était aussi et surtout mettre l'ambiance. La communication a fait un effet boule de neige. Le monde a appelé le monde et l'ambiance appelle l'ambiance. C'est aussi simple que ça !

Le changement, c'est la remontée en Ligue 1 après deux belles saisons en Ligue 2. Mais la Coupe de France n'a-t-elle pas démontré qu'il pouvait se passer quelque chose de grand dans le club ?
Il y a d'abord la saison dernière, les derniers matchs. Le Stadium était plein avec de très grosses ambiances. Ensuite, en Ligue 1, on a vu une équipe sans complexe développer du jeu. La Coupe de France, c'est la cerise sur le gâteau. Ce parcours qui nous a fait vivre quelque chose qu'on n'avait jamais vécu. Aller au Stade de France, qui l'aurait cru ? Et en plus, tu soulèves le trophée qui était attendu depuis soixante-six ans. Ce parcours a décuplé les ambitions et la fierté d'être supporter du TéFéCé.

Autre changement notable, en Ligue 1 mais aussi en Coupe de France, de plus en plus de supporters se déplacent pour soutenir l'équipe. C'est un déclic également ?
Les déplacements ont toujours été dans la mentalité du groupe. Si on regarde en arrière, les dernières saisons en Ligue 1, on avait du mal à mobiliser du monde. On savait qu'on allait à l'extérieur et que dans quatre-vingt-dix pour cent du temps, c'était pour voir une défaite. En fait, la descente en Ligue 2 a permis de faire des déplacements dans des villes où l'on n'était jamais allés. Dans des petits stades, pas des stades modernes comme à Lyon ou à Lille, où on se retrouve très haut perché, où on ne peut pas vraiment apporter de soutien à l'équipe. Donc, de plus en plus de gens se sont pris au jeu, on est de plus en plus nombreux en déplacement, que ce soit avec les Indians, d'autres groupes de supporters ou même des fans qui n'ont aucun lien avec un groupe et qui viennent gonfler le nombre. On était une trentaine d'Indians dans les parcages des visiteurs les dernières saisons de Ligue 1, une trentaine ! Et maintenant il y a des déplacements qu'on va faire en bus, on est cinquante, mais on se retrouve avec une bonne centaine de personnes dans le parcage. Parce qu'il y a des Toulousains qui partent par leurs propres moyens, et des Toulousains d'ailleurs qui nous rejoignent aussi !

> « Jamais vu une équipe aussi proche de ses supporters. »

Arrêtons-nous sur le parcours en Coupe de France. Quel souvenir gardez-vous du 32ème de finale contre Lannion, un club amateur ?
On était trente Indians, et en tout, à peine cinquante personnes. On n'était pas sûrs à cent pour cent de se qualifier. On se rappelait

les difficultés que le TéFéCé a souvent rencontrées par le passé contre des clubs amateurs. On avait confiance en cette équipe qui est séduisante en Ligue 1. Et sur ce match, on n'était pas craintifs, mais on savait très bien qu'on n'est jamais à l'abri d'une mauvaise surprise. C'était déjà arrivé. Le déplacement, c'était un peu les vacances pour nous, un match de Coupe de France sans pression. Donc il y a eu un très gros apéro pendant le voyage (il rigole), et donc une belle fête dans le parcage pendant le match. Il y a toujours l'apéro pour les déplacements. Mais il y a apéro et apéro, quoi !

Le tour suivant, le TéFéCé reçoit Ajaccio au Stadium, une vieille connaissance. Ça sentait le danger ?

Non, parce que c'était un tirage au sort rassurant de jouer une équipe de Ligue 1 mal classée à domicile. C'est beaucoup plus rassurant pour nous que de tirer un club de National, par exemple, ou de se déplacer. On l'a abordé avec assez de confiance. Victoire 2-0, le travail a été fait, on passe en huitième de finale. J'ai le souvenir d'un match assez bien maîtrisé.

Ensuite, c'est au tour de Reims et de l'avant-match marqué par la fameuse sortie du coach Will Still ! Comment prenez-vous cette phrase, « On va les fracasser » ?

Reims était sur une belle série. C'est d'ailleurs, sur le parcours, la plus belle équipe qu'on a jouée. Ce sont les seuls qui finissent devant nous en championnat. À cette époque, on s'attend à une rencontre difficile. C'est vrai qu'il y a cette phrase qui a été très médiatisée. Bon, ok... C'est un beau défi, mais on a laissé le match se dérouler jusqu'au but de Chaïbi. On mène 3-0 et là, ça s'est fait naturellement « On les fracasse, on les fracasse, on les fracasse. » Notre façon à nous de renvoyer l'ascenseur, mais on a attendu d'être plus tranquilles pour y aller (sourire).

Lors du match contre Rodez, le Stadium était plein. Ça ressemblait à une fête entre voisins avec les Aveyronnais, mais avec prudence ?

Disons que le scénario du match a facilité les choses. Il y avait du monde en face, le parcage visiteurs était bondé. Ça débordait un peu, mais c'était une belle ambiance. C'est sûr que 3-0 en dix minutes, ça aide. On était en quart de finale contre une Ligue 2, à domicile. Donc on commençait à se dire « Bon, les conneries c'est fini ! » On pouvait peut-être espérer le Stade de France. On en parlait entre nous. Et si c'était notre année ? Et puis, on gagne 6-1... On est allés boire un coup après le match, on regardait le match de Marseille, et on s'est dit que dans le dernier carré, il y aurait Nantes, Lyon ou Marseille pour nous. Mais quand on a vu le scénario du match de Marseille, on fait une énorme fête. Nantes et Lyon, ça restait prenable si on les jouait au Stadium. Et Annecy, c'était quand même un club de Ligue 2, même s'ils ont battu l'OM au Vélodrome. On a vécu le tirage ensemble, avec les gars du groupe. Nantes-Lyon tirés en premier et nous, ce sera Annecy mais... là-bas ! On était heureux, on ne va pas se mentir. Tout le monde était bouillant pour y aller, même si c'était un match en semaine. Dans ce moment-là, tout le monde arrive à poser des jours. Et

très vite, on demande les infos au club pour savoir combien on peut avoir de places pour s'organiser. On nous répond qu'il y a six cents places, et qu'elles seront réservées pour les fidèles groupes de supporters. On affrète huit bus pour les Indians, en plus des deux bus des autres groupes.

Les supporters ont joué leur rôle dans ce match à Annecy. Parce qu'il n'était pas question de manquer cette occasion de pouvoir aller au Stade de France ?
On était partis pour écrire l'histoire ensemble. C'est le message qu'on a fait passer aux joueurs en se déplaçant en masse. Les Toulousains l'ont déjà fait avec le Stade Toulousain, mais pas avec le TéFéCé. Il y a toujours, pour les plus anciens, cette blessure de Guingamp en 2009 et cette élimination en demi-finale au Stadium. Guingamp qui était en Ligue 2 ! Attention donc, on était prévenus et les joueurs aussi. On savait que le match n'allait pas être facile. Et en fin de match… on a fait de l'huile. Quel soulagement quand l'arbitre a sifflé avec cette histoire de but hors-jeu. On n'a pas très bien compris ce que l'arbitre a décidé. But ? Pas but ? Son geste n'était pas évident du tout sur le moment. On s'est dit : « C'est bon. On n'aura jamais droit au bonheur. On est condamnés à être malheureux. » On s'attend aux tirs au but. Et puis non ! On met quelques secondes à comprendre que finalement, le but est refusé ! On explose de joie. C'est la délivrance. On est en finale. On va aller au Stade de France. J'ai vu des gens pleurer de soulagement. Moi, au mégaphone, je tente de faire chanter les gars. Et on voit les joueurs courir immédiatement vers le parcage. On s'embrasse entre nous. On prend certains joueurs tout proches de nous dans les bras. Une vraie communion. Les joueurs ont très vite compris qu'ils ont fait quelque chose de très grand pour le club

pour venir aussi vite nous rejoindre. C'était fou !

Cette joie, cette communion, c'est le résumé de tout ce que vous avez vécu ensemble ?
Je n'ai jamais vu une équipe aussi proche de ses supporters. C'est ça aussi qui a participé à créer la ferveur qu'il y a actuellement au club. Ils ne se sont même pas embêtés à serrer la main des joueurs d'Annecy. Ils sont venus directement nous voir pour célébrer la victoire et la qualification pour la finale avec nous. Ils sont restés un long moment. Ils sont partis, ils sont revenus. Il y avait tout le noyau dur des Indians. C'était un moment privilégié que l'on a vécu tous ensemble. Là, on s'est dit qu'on arrivait à quelque chose de grand. Les huit ou neuf heures de bus, on n'a pas dormi. En revanche, dès le lendemain, on s'est réveillés de notre gueule de bois, on a rapidement organisé une réunion téléphonique avec le club pour poser les bases. On ne s'était pas vraiment préparés à ça.

C'était l'inconnu pour vous ?
Ah oui, totalement. Zéro expérience. Un grand saut dans le vide. On savait que cela demandait beaucoup d'organisation. Enfin, on s'en doutait. Et on s'est dit : « On n'a plus de vie jusqu'à la finale." (Rires) On avait juste anticipé le tifo en passant, avant la demi-finale, une grosse commande de plastique pour le fabriquer si on se qualifiait. Si on ne se qualifiait pas, ça nous aurait servi pour plus tard. Donc on appelle le club pour parler du tifo et... la première chose qu'ils nous disent : « Il faut qu'il soit fait en matière ignifugée. » Bon bah, dommage... Le peu d'avance qu'on avait pris, ça tombe à l'eau. Nous voilà repartis à chercher un fournisseur de plastique ignifugé. On lance aussi un t-shirt pour financer le tifo au Stade de France qu'on écoule à cinq mille exemplaires. Là encore, tout est fait dans l'urgence pour trouver un fournisseur capable de nous fournir ces t-shirts rapidement. Ensuite, il a fallu gérer la semaine de la finale, la préparation du tifo et la distribution des t-shirts aux gens. C'était un travail colossal. Le tifo, c'est le plus gros de notre histoire. Une voile de soixante-dix par soixante mètres sur les trois étages du virage Sud du Stade de France. Une rare prouesse pour une finale de Coupe de France. C'était un vrai défi pour nous. On a une bonne équipe qui travaille sur les tifos habituellement, qui a pris les affaires en main. Il y a même des anciens du groupe qui sont venus mettre la main à la pâte. On a voulu rester entre nous, le noyau dur du groupe, pour éviter les fuites jusqu'au dernier moment. Et on a réussi l'effet de surprise. Pour nous, notre finale, on l'a réussie avec ce travail. Pourtant, on a été stressés jusqu'au bout. Parce que, pour la petite histoire, on sort le tifo vachement tôt par rapport à ce qui était prévu ! Le club nous avait communiqué un mauvais horaire d'entrée des joueurs sur la pelouse... En fait, il y a eu une modification de dernière minute avec le président Macron qui a finalement rencontré les joueurs dans le hall qui sépare les deux vestiaires. Du coup, on n'a jamais tenu un tifo aussi longtemps ! On a eu quelques craintes, parce que ça se déchirait un peu à certains endroits.

Comment vous est venue la réflexion sur le choix du tifo ?

Nous ne voulions pas nous approprier le tifo. Même si c'est nous qui l'avons créé, on voulait marquer le coup sur le fait que c'est Toulouse qui était en finale au Stade de France. Il fallait quelque chose qui symbolise parfaitement Toulouse. Donc le Capitole, avec le message « Ramenez-la sur la place », c'est ce qui nous a semblé le plus important. Et je pense qu'il a marqué les esprits et qu'il a plu aux Toulousains.

Dans les tribunes, vous attendiez-vous à être moins nombreux que les Nantais ?

On savait qu'on allait être moins nombreux, mais on savait qu'il y aurait beaucoup de supporters du TéFéCé au Stade de France. Ce sont les échos qu'on avait. On s'attendait en tout cas à être plus nombreux que les Niçois l'année d'avant. Plusieurs générations étaient présentes et avaient vraiment envie de faire la fête. Il n'était pas question d'être des spectateurs, mais bien des supporters acteurs de la finale. Dès l'échauffement, on faisait quand même du bruit. Et puis le scénario du match nous a beaucoup aidés pour prendre le dessus (rires). C'était cadeau de la part des joueurs !

Comment vivez-vous cette finale ?

C'était irréel ! On avait imaginé tous les scénarios possibles, mais pas celui-là. Pas de marquer aussi rapidement ni de mener 4-0 au bout de trente minutes. Non, pas celui-là ! Alors rentrer à la mi-temps avec ce score, c'est fou, mais ça reste le Tèf quand même. On va peut-être prendre la plus grosse remontada de l'histoire. Donc on reste dans le match en tribunes. Et finalement, tout se passe bien. On prend un but mais on en remet un derrière. Et là, c'était fou ! L'ambiance... incroyable. Le trophée est pour nous. Plusieurs générations n'avaient jamais vu le TéFéCé soulever la coupe de France. Le moment est unique !

Pour une nouvelle communion avec les joueurs... Le moment était magique ?

Ça a duré plus de temps qu'à Annecy, parce qu'il fallait qu'ils aillent chercher la coupe. On voyait Brecht Dejaegere la soulever, mais c'était loin. Ensuite, il y a eu la célébration sur le podium installé sur la pelouse, face à nous certes, mais il fallait le temps de prendre les photos. Ensuite, on les a vus arriver vers nous. Ils ont ramené le trophée au peuple ! On s'est retrouvés avec la coupe dans nos bras ! Olivier Jaubert (le directeur général du TéFéCé) nous a dit, après coup, que ce n'était jamais arrivé avant nous. Ils se sont fait gronder par la FFF parce que normalement, c'est une chose à ne pas faire. En fait, pour les joueurs, c'était un geste naturel. Dejaegere l'a passé à Chaïbi, qui nous l'a donnée. Nous, les deux capos, on l'a récupérée et on a soulevé la coupe pour le virage, pour le peuple violet. À la fin du match, quand toute la pression est retombée, j'ai fondu en larmes comme un gamin. Cela ne m'était jamais arrivé comme ça pour le Tèf. Et avec la coupe dans les mains, je ne vous raconte pas l'émotion... On n'avait pas envie de partir. Il fallait en profiter jusqu'au bout.

Ça tombe bien, parce que la fête n'était pas finie...

Oui, on a très peu dormi au retour, normal. En fait, on avait envie de rester ensemble.

On a organisé un rassemblement place Saint-Pierre avant la présentation du trophée au Capitole. On a fait une marche jusqu'au Capitole pour continuer d'être ensemble. Puis enfin... il y avait la coupe de France au Capitole ! C'était inimaginable en fait, mais bien réel. C'est un autre trophée majeur après celui de champion de France de Ligue 2 décroché l'an dernier. C'est une vraie ligne sur le palmarès. La place était pleine, ils se sont même retrouvés à refuser du monde sur la place du Capitole parce que la jauge était au max pour des raisons de sécurité. Il y avait des gens qui étaient présents en curieux. Certains n'avaient jamais mis les pieds au Stadium. Et c'est bien aussi, il faut attirer de nouvelles personnes. J'espère qu'ils nous ont rejoints cette saison pour le championnat, la Coupe d'Europe et à nouveau la Coupe de France. Les nouveaux dirigeants ont ramené la coupe de France à Toulouse, après le titre en Ligue 2. Et tout ça en trois saisons. On remercie tout le monde, les joueurs, les coachs, les dirigeants. Le travail a payé.

Les habitudes ont donc quelque peu changé ces derniers temps. Plus habituée à se parer de rouge et de noir les jours de fête, la place du Capitole s'est trouvé cette fois-ci une nouvelle garde-robe, aux couleurs du TéFéCé, pour la plus grande fierté des Toulousains.

Tous les clubs de supporters étaient représentés et mobilisés au Stade de France le 29 avril dernier pour la finale de la Coupe de France !

LES GROUPES DE SUPPORTERS DU TÉFÉCÉ

- Les NVDRS / Indians Tolosa 1993 (virage Brice-Taton) : 2 500 membres (trente ans)
- Les supporters des Violets : 500 membres (quarante ans), fondé par Jacqui Teulières, l'ancien intendant du TéFéCé
- Les Visca Tolosa : 350 membres (début des années 2000)
- Les Occifans : 300 membres (depuis 2002, en National), groupe de supporters toulousains expatriés en région parisienne
- Le Viola club : 200 membres (1999)
- Le Fan Club : 94 membres, uniquement des femmes (1994)
- Le Forza Viola : 53 membres (2013), initialement une équipe de foot loisir
- La Curva Oest (virage Christophe Revault) : 45 membres (2023)

CHAPITRE 9

LA DATA au cœur du succès toulousain

C'est à se demander si même la data aurait pu prévoir ce parcours et ce succès. Car l'histoire de Julien Demeaux n'est comme aucune autre, et a de quoi laisser ébahi qui aspire à : « l'American Dream ». Occitan revendiqué aux racines lotoises, mais natif de Paris, l'actuel responsable des data football du TéFéCé est rapidement devenu l'un des personnages centraux de la galaxie RedBird toulousaine, arrivé sur l'île du Ramier au hasard de rencontres, d'opportunités, de passions et de patience.

Si son rôle, dans un club aussi « data driven » que le TéFéCé, est aujourd'hui capital, ses études, menées dans le domaine spatial et aéronautique, lui laissaient pourtant peu de chance d'imaginer à l'époque qu'il se retrouverait à devoir modéliser des plans de jeu d'une équipe de football professionnel quelques années plus tard. Et c'est logiquement, sans avoir pris trop de risque dans les probabilités – puisqu'il sera souvent question de logique et de prédiction – qu'il débute sa carrière chez Airbus. Approvisionnement des chaines de montage, puis formation des pilotes sur simulateur. Jusque-là, la data aurait pu le prévoir. Ce qu'elle n'a pas pu voir venir, c'est le changement radical de vie décidé en 2015. Après plus de 10 ans de bons et loyaux services au profit du fleuron local, l'opportunité familiale est trop grande. Direction la Californie ! « Là-bas, je suis embauché dans un établissement privé pour travailler au niveau du lycée comme entraîneur de football la moitié de l'année et, entraîneur de baseball l'autre moitié, livre-t-il dans le podcast sportif : « Prolongation »[2]. Un sport que j'ai beaucoup pratiqué plus jeune, bien plus que le foot.

2. Prolongation est un podcast mensuel à retrouver sur Apple Podcast ou Spotify. Un podcast spécialisé dans le football et toutes ces composantes : joueurs – entraîneurs – dirigeants – les responsables de la formation, du recrutement ou encore des analystes vidéo ou de données.

C'est, d'ailleurs ce qui m'a ouvert des portes. J'y ai rencontré des gens qui travaillaient dans le secteur professionnel du baseball avec une personne en charge des statistiques qui est devenu un ami et qui a aiguisé ma curiosité. Je voulais comprendre le pourquoi du comment ! » Avant même sa prise de fonction au TéFéCé, ses compétences en ingénierie et sa culture du traitement de données lui ont permis de développer une approche d'abord curieuse, puis plus sérieuse, du domaine prédictif. « Je me suis renseigné, je m'y suis intéressé, je me suis formé. Puis j'ai commencé à développer certains modèles. » De retour en France après quatre ans d'expérience outre-Atlantique, Julien Demeaux commence à mettre ses compétences au profit d'une entreprise d'analyse de données implantée dans le secteur du sport. La pandémie du Covid 19 va en décider autrement, et tout chambouler. « J'avais la charge de ce secteur et là, j'étais en contact avec différents clubs de foot. Des clubs de basket, des fédérations, des clubs de rugby, pour travailler autour de l'analyse de la donnée. Comment pouvait-on faire pour mettre en place l'outil ? Comment modéliser cela, pour leurs apporter des choses nouvelles ? Mais début 2020, le Covid est arrivé. La société me fait rapidement comprendre qu'il allait être compliqué de continuer, d'autant qu'en France, toutes les activités sportives se sont retrouvées à l'arrêt. » La suite est digne d'un scénario de « success story » américaine. « À ce moment-là, il y avait une conférence aux Etats-Unis à Seattle, organisée par le club local des Sounders où ils ont créé une compétition sur l'analyse de données dans le foot. Un sujet libre et donc, pour passer le temps, puisque j'en avais, j'y ai participé. J'ai écrit un petit scénario en expliquant qu'on est la nouvelle équipe en Liga. On vient d'être promu, et pour la première journée, on joue Barcelone. Donc, qu'est-ce qu'il faut qu'on fasse pour bien figurer ? Et j'ai écrit un rapport de cinq pages, à destination d'un staff fictif, pour lequel je détaillé des conseils : Il faut faire attention à telle, telle et telle chose. Le tout accès en m'appuyant sur des données précises. Il se trouve que j'ai remporté ce concours. Et parallèlement à ce moment-là, RedBird Capital Partners est en train de discuter avec Olivier Sadran pour racheter le TéFéCé. Et parmi le jury du concours, des membres de RedBird étaient présents … Ils voient que c'est un Français qui a gagné, et qu'il habite à Toulouse ! Les planètes se sont alignées, et ils m'ont contacté pour rejoindre le projet ! »

Pas évident de savoir qui remercier, du hasard ou du destin, pour ce prédictif convaincu. Mais l'histoire a bien commencé d'une manière que même les données et les algorithmes qui font son quotidien n'auraient pas pu imaginer. Quoi que.

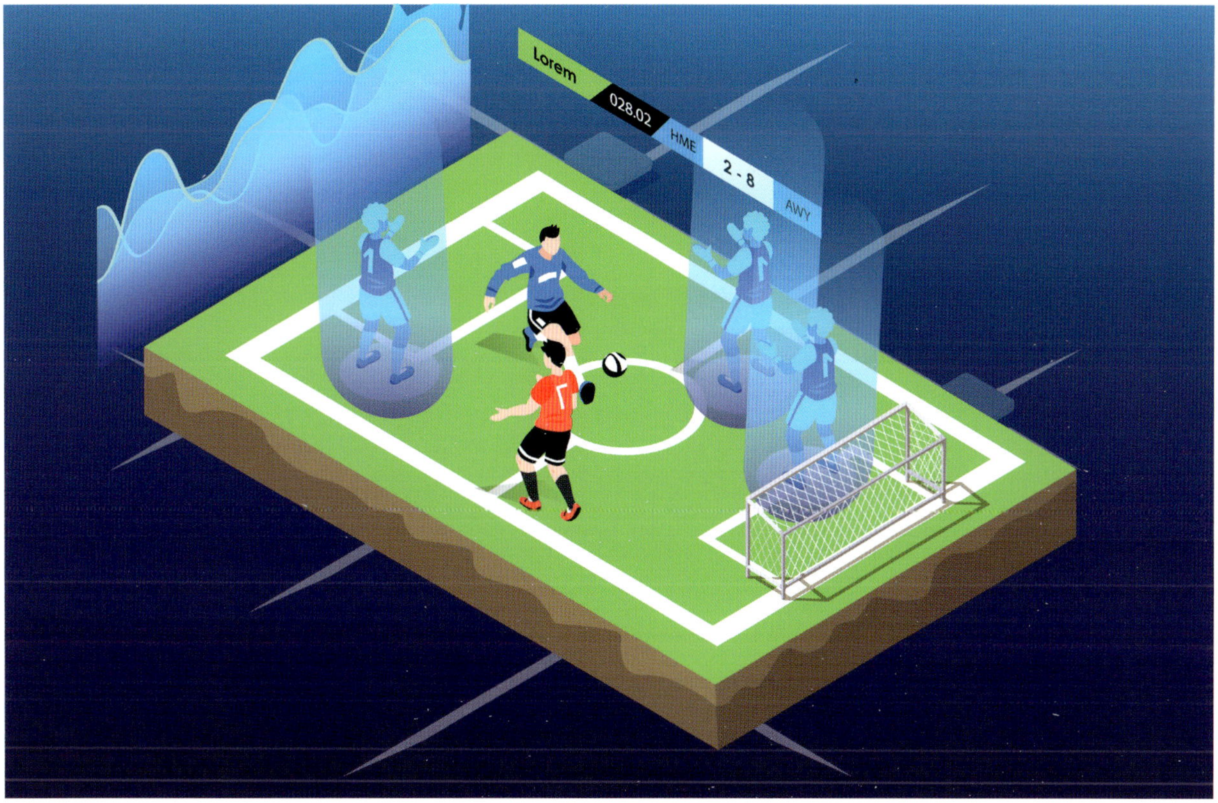

«LA DATA POUR LES NULS»

Sur les plateaux de télévisions, les sites de paris sportifs, dans les applications de fantasy leagues, elle s'invite même, désormais, dans les plus interminables des débats de comptoir, toujours un peu à la louche, comme une mauvaise carte sortie de la manche du chroniqueur à la chemise la moins bien repassée. Parce qu'il n'est quand même pas question de ne pas avoir le dernier mot. Et qu'après tout, on fait bien dire aux chiffres ce que l'on veut. Oui, la data est partout. Omniprésente. Longtemps, elle a été l'apanage des suiveurs les moins romantiques de l'histoire du football. Aujourd'hui, elle est un critère d'entrée dans la discussion. Comme un videur de boite de nuit qui ne recalle que ceux qui n'ont jamais terminé champions avec l'équipe la moins sexy de Football Manager. Alors qu'elle est, au fond, comme l'amour. Cherchée de tous mais bien souvent incomprise. C'est certainement pour cela qu'on parle d'elle au féminin. Alors le plus simple, quand on cherche des réponses, c'est certainement d'en discuter avec ceux qui en parlent le mieux. Et avec amour.

« En fait, la data de façon générale, c'est tout un ensemble d'informations objectives qu'on va récupérer, qu'on va mettre ensemble pour avoir des informations sur lesquelles s'appuyer quand on veut prendre des décisions, pose Julien Demeaux, plutôt spécialiste en la matière. C'est un peu ça l'idée qu'on a au niveau du club : Avoir le plus d'informations objectives possibles sur nos joueurs, sur les adversaires, sur le marché, sur les joueurs qui sont dans les autres équipes pour chercher aussi à aller recruter à l'extérieur et prendre les meilleures décisions possibles. Mais l'idée initiale, c'est vraiment d'avoir l'approche la plus objective possible, et essayer d'enlever au maximum tout ce qui va être de l'ordre de la subjectivité, ou un nombre de biais cognitifs qui sont présents sur l'humain de façon générique. On a tous des biais plus ou moins marqués sur différents sujets. Donc on cherche à avoir un alignement de fonctionnements à l'intérieur du club afin d'être le plus cohérent dans nos choix et nos décisions, en nous appuyant sur toutes ces informations, qui sont censées être les plus rationnelles possibles. L'objectif, c'est de limiter au maximum le risque. Parce qu'on sait très bien qu'on ne va pas avoir raison en permanence, qu'on ne va pas prendre que des bonnes décisions. Mais on sait qu'en limitant au maximum les mauvais choix, sur le long terme, on génère de la valeur. Et mon rôle, dans tout ça, c'est de m'assurer que dans tous nos processus de décisions au niveau du sportif, on a la capacité d'avoir des informations objectives pour prendre les meilleures décisions possibles. »

Depuis l'arrivée du fonds d'investissement Redbirds Capital Partners à la tête du TéFéCé, la data s'est installée dans chacune des strates du club. Du centre de formation aux bureaux occupés par les équipes non sportives, tout est mesuré, pondéré et décidé en fonction de ce que les chiffres, les statistiques et autres KPI (indicateurs clés de performances) peuvent indiquer. Le recrutement tient donc le plus souvent à un algorithme nébuleux qui permettrait de trouver les perles rares en période de marché des transferts dans ces laboratoires d'Algeco qui ont poussés comme des champignons sur l'île du Ramier, l'approche de la data est en réalité beaucoup plus systémique et structurante, dans une institution qui la revendique comme son ADN et que défend Julien Demeaux. "Un peu tout le monde travaille avec la data, puisque ça fait partie prégnante de quasiment tous nos processus de travail. Le point de départ, dans le domaine du sportif qui me concerne, c'est tout ce qui va permettre la création du modèle de jeu. On est parti de la donnée pure, comme une feuille blanche, sans avis subjectif. Parce que si on demande à dix personnes dans le club quelle est

Betclic
Betclic
Betclic
Betclic
27
TéFéCé

la meilleure façon de jouer pour avoir du succès, je pense qu'on aura dix réponses différentes. Donc l'idée c'était de dire : « Il faut qu'on soit cohérent, il faut qu'il y ait une vision club. » Et on a laissé les données nous expliquer ce qu'il fallait faire pour avoir du succès. Une fois qu'on a tiré ça, on l'a mis en phase avec ce qu'est la culture du club, ce qu'est la culture de la ville, ce qu'est la culture de la région pour dire : "Ok, notre approche footballistique devrait être celle-ci, parce que ça correspond à ce que les gens attendent, ça correspond à notre identité et ça correspond à ce qui va maximiser nos chances d'avoir du succès sur long terme." Donc ça, ça a été le point de départ, la création du modèle de jeu. Ensuite, tout va découler de ce modèle : quel type de joueur il faut qu'on trouve pour l'alimenter, pour qu'il soit efficace ? Donc là, la data intervient sur la partie recrutement. Comment est-ce qu'il faut qu'on entraîne nos joueurs pour qu'ils soient efficaces dans ce modèle de jeu ? Forcément si on a un jeu qui est basé sur les transitions, on ne va pas les entraîner de la même façon que si on a un jeu qui est basé sur la possession. Donc quelles sont nos méthodologies d'entraînements qui vont nous permettre d'être efficaces dans ce modèle de jeu ? Embarqué dans cet océan de chiffres qui défilent en cascade comme dans la Matrice, Julien Demeaux tient la barre d'un bateau sur lequel il est chargé de coordonner et de digérer toutes les informations qu'il pêche. Les espèces sont variées. Des vérités, des directions, des choix et des conclusions. Il y a en a pour tous les goûts. Ce bateau, sur lequel il navigue, porte un nom : Zelus Analytics. "Le fonds d'investissement Redbird Capital Partners, qui détient le TéFéCé, détient aussi une société qui s'appelle donc Zelus Analytics. C'est une société qui travaille depuis des années sur la collecte, le traitement et l'analyse de données, essentiellement dans les sports US et depuis peu dans le football. Donc dans un premier temps, on crée des bases à partir de données récoltées dans une soixantaine de ligues, où nous avons, pour certaines d'entre elles, une dizaine d'années d'historique environ. Il faut ensuite digérer ces données, les rendre accessibles, faire en sorte qu'elles apportent de la valeur. J'interviens surtout dans l'étape suivante du processus, qui concerne sur la partie terrain. Et qui consiste à valoriser et traduire les éléments apportés par la data en termes de football auprès du staff sportif. La valeur ajoutée de la data vient de la capacité à travailler dans ce qu'on appelle "une logique prédictive." L'exemple que j'aime prendre est celui de la météorologie, car on fonctionne avec une approche similaire. Ils utilisent les données collectées dans le temps pour construire des modèles prédictifs, et avoir la capacité de déterminer avec plus ou moins de précisions le temps qu'il fera dans les prochains jours ou les prochaines semaines. Ce sont ces mêmes logiques de réflexion que nous adaptons au football pour développer notre modèle de jeu, et recruter des joueurs.

C'est à dire que quand on identifie des potentielles recrues, on le fait parce que la data nous dit qu'elles vont rentrer dans ce projet de façon naturelle. Elle ne peut pas nous certifier qu'ils vont autant y adhérer, mais on sait que ça sera le cas de façon naturelle, parce qu'on sait qu'ils jouent déjà de la façon dont on veut développer notre jeu. En revanche, ce que ça ne me dit pas, c'est si la personne va s'adapter à la vie française, si elle va bien intégrer le club, comment va s'intégrer sa famille, etc. Donc il y a tout un travail avec les recruteurs, les personnes qui travaillent sur l'accueil des joueurs. On parle un maximum de langues pour pouvoir intégrer un maximum de personnes. Ça, effectivement, avec mes données aujourd'hui, ce n'est pas quelque chose que je peux prédire, je n'ai pas de boule de cristal ! Mais sur le profil des joueurs, je suis très confiant sur le fait que ceux qu'on identifie ont l'ADN qui fait que ça peut fonctionner avec nous. Il y a une notion de coordination de ma part autour de tout ça, au sein du département sportif, pour que les processus vivent bien ensemble. Un peu d'éducation également, parce qu'il faut que tout le monde comprenne la logique pour être cohérent.

La DATA et la Coupe de France

JULIEN DEMEAUX : « La jambe gauche d'abord, etc., ça ne sert à rien »

À votre arrivée au TéFéCé, vous avez travaillé sur la mise en place d'un modèle de jeu qui avait pour objectif de permettre à une équipe de Ligue 2 de monter en Ligue 1, puis au promu en Ligue 1 que vous étiez de se maintenir, à partir de données objectives. En sachant que la Coupe de France offre des adversités qui sont beaucoup plus aléatoires, tant par la diversité des équipes qui présentent des niveaux disparates que par les tirages au sort qui ne se prédisent pas, comment vous a-t-on demandé de préparer, à travers votre fonction, la Coupe de France, et avec quel objectif ?

« Il n'y a pas vraiment eu de demande spécifiquement liée à la Coupe de France. Tout le travail en amont a vraiment été fait pour la Ligue 1, parce que c'est en Ligue 1 qu'on veut le mieux performer au départ. Il faut qu'on ait un groupe qui soit capable de performer sur la longueur d'une saison. C'était vraiment l'objectif. Et en Coupe de France, l'ambition, c'était de gagner le match qui arrive. On ne s'était pas projeté en début de saison en se disant qu'il fallait aller en finale, parce que on parle beaucoup d'aléatoire dans cette compétition. On avait l'ambition de gagner le maximum de matchs possibles, d'aller toujours le plus haut possible. Mais si on prend le PSG au tirage du premier tour, ce n'est peut-être plus la même chose ... Ça ne nous a pas empêché de jouer les premiers matchs avec l'ambition de les gagner, mais on sait que les codes ne sont pas pour nous au départ. »

Est-ce que la data est « Coupe de France compatible » ?

« Oui, mais ce sont des approches différentes. Effectivement, la façon dont on a travaillé, c'était vraiment pour être performant dans le temps en championnat. Maintenant, on se rend aussi compte que ce qui a fait une partie de notre succès, c'est d'avoir été cohérent tout au long de la saison sur notre mode de jeu. On ne s'est pas renié parce que c'étaient des matchs à élimination directe.

On a toujours pris le championnat, et ce depuis la Ligue 2, en se disant : « C'est un marathon, il faut qu'on développe notre modèle de jeu, il faut qu'on construise nos forces, et peut-être qu'on va passer à travers deux, trois, quatre matchs en championnat. Mais si on construit ça dans le temps, on aura du succès. Et finalement, c'est d'avoir eu cette cohérence et ces forces, qu'on a su développer, qui nous ont aidé en Coupe de France. Alors qu'en fait, le foot à élimination directe, c'est un foot complètement différent où la logique n'est pas totalement la même. Déjà, si tu ne prends pas de but, tu as déjà plus de chance de passer au tour suivant. Alors que nous, on travaillait sur une logique de dire : "On veut marquer, on veut marquer, on veut marquer." Ce que j'ai apprécié, c'est qu'on ne s'est pas renié parce que c'était la Coupe. On a continué à jouer, parce que c'étaient nos forces, et ça a très bien fonctionné sur cette finale où, sur la première demi-heure, en jouant notre jeu, on a réussi à mettre en place un football de très bon niveau. »

À l'approche de la demi-finale face à Annecy, a émergée l'impression que ce match recensait tout ce que la data essaie de balayer et d'éviter, entre le contexte du match qu'il fallait absorber psychologiquement, et les conditions de jeu particulière au Parc des Sports d'Annecy. En contre-pied total de votre volonté de minimiser les risques. Est-ce que la crainte de ne pas arriver à préparer le match de manière rationnelle, sans tomber dans les travers que d'autres clubs connaissent, vous a traversé l'esprit ?

« Peut-être ... Parce que lors de la préparation du match d'Annecy, commencent à sortir ces craintes, ces interrogations chez les joueurs. « Ouais, mais le terrain il n'est pas bon », « Oui, mais c'est un match piège », « Oui, mais ... ». À ce moment-là, on n'est plus dans cette logique qu'on a essayé d'instaurer tout au long de la saison, qui est de dire qu'avec nos forces, il n'y a que nous qui pouvons-nous battre. Qu'il faut qu'on soit sûrs de nous, il faut qu'on soit fort sur nos forces, on va jouer notre jeu, et c'est comme ça qu'on va maximiser nos chances de gagner. Or, un climat d'anxiété a commencé à s'instaurer dès la semaine avant le match. « Le terrain, il ne va pas être bon... », « Une demi-finale, ça ne se joue pas de la même manière ... », etc. Et ça n'a pas manqué. Quand on commence le match, Branco van den Boomen essaie de faire un contrôle de la semelle, et le ballon lui passe par-dessus le pied parce qu'il y a un faux rebond. Du coup, c'est la panique, on sent qu'on ne va pas pouvoir jouer comme on veut, donc on commence à allonger, à allonger ... Parce qu'on est, dans ce cas, face à ces aléas qui génèrent de la crainte. Mais je pense que ce match contre Annecy a été fondamental dans l'approche de la finale, que nous a aidé à avoir notre préparatrice mentale, Nodjialem Myaro. »

Comment avez-vous vécu le fait que malgré toute la préparation, forgée sur l'approche la plus rationnelle possible, vous puissiez voir tout votre château de carte s'effondrer, à Annecy dans un environnement particulier ?

« Ça fait partie aussi du sport, mais toute la semaine qui a précédé le match, je continuais justement de rationaliser au maximum. Et, sans aucune offense envers Annecy, on a dit aux joueurs : « Les gars, Annecy est en Ligue 2, ils sont en train de se battre pour leur maintien. Ils ont réalisé un grand coup à Marseille mais on est meilleurs, il ne faut pas non plus nous rabaisser, ni les voir trop beaux. Concentrons-nous sur nous, soyons sûrs de nos forces, c'est la meilleure façon de faire quelque chose. Si on commence à se concentrer sur l'herbe, les petits cailloux, les « oui mais, ... », etc., on va générer, consciemment ou inconsciemment, des excuses pour perdre, pour ne pas y arriver." Et c'est vraiment quelque chose dont on a parlé dans la semaine, que j'ai essayé de mettre en avant.

C'est pour ça qu'ensuite, après en avoir beaucoup discuté, on a fait en sorte que notre préparatrice mentale travaille avec le staff trois semaines avant la finale. Justement pour dire : « On se concentre sur nous. Que ce soit Lyon ou Nantes, on a les clés pour faire une bonne finale, on a les clés pour gagner, il faut qu'on commence par y croire, il faut qu'on commence par mettre en place nos forces. Ensuite, on verra ! Mais si on ne commence pas par ça, on ne maximisera pas nos chances. »

« Contre Lorient, on a brouillé les pistes »

C'est à dire qu'il y a eu une différence notable dans la préparation et la manière d'aborder ces derniers matchs de Coupe de France par rapport reste de la compétition, et même au championnat ?

« C'est vrai qu'à partir du moment où la qualification a été actée pour la finale, on a passé trois semaines où on a largement élevé nos standards par rapport à ce qu'on a fait toute l'année. Donc oui, la data était présente sur la préparation de chacun de nos matchs tout au cours de la saison. Et peut-être que le match qu'on a eu le moins bien préparé, c'était Lannion parce que c'est l'équipe sur laquelle on avait le moins d'informations objectives. Donc on est revenus sur une préparation un peu plus traditionnelle en vidéo, à regarder les trois, quatre derniers matchs et essayer de sortir des infos par rapport à cette équipe. Mais jusqu'au quart de finale, on a préparé nos matchs de Coupe de la même façon que ceux du championnat. Avec une couche de data : comprendre le « quoi », que fait cette équipe, où sont leurs points forts, où sont leurs points faibles, qu'est-ce qu'ils font bien, qu'est-ce qu'ils font moins bien ? À partir de là, cette base d'information passe par nos analystes vidéo qui vont chercher à comprendre comment ils font ça. Ça permet déjà de gagner du temps, et de ne pas avoir à regarder plusieurs matchs en entier. Donc ils vont chercher les éléments qu'on met en avant et créer une vidéo pour le staff afin de comprendre ce qu'ils font bien, comment ils le font, comment on peut les battre. Et nous, on a monté d'un cran à chaque fois et on est allé plus loin, plus précisément, dans chacun des éléments. On a même rajouté, pour la finale, des choses qu'on ne faisait pas forcément en championnat parce que c'était un match à part et qu'on voulait vraiment minimiser tous les risques, on était complètement là-dedans.

C'est-à-dire ?

« On a calculé tous les scénarios possibles, on a fait des scénarios de fou : si on prend

un carton rouge avant la demi-heure de jeu, si eux prennent un carton rouge avant la demi-heure de jeu, si jamais on se retrouve à dix minutes ou un quart d'heure de la fin et qu'on doit marquer, si on se retrouve à un quart d'heure de la fin et qu'on a un but d'avance, si jamais il y a tel joueur qui joue là, si jamais il y a tel joueur qui fait ça, etc. On avait identifié que le point fort en face, vraiment le joueur à surveiller, c'était Ludovic Blas. Donc on s'est posé la question de savoir qui on allait mettre en face de lui. Si on met tel ou tel joueur, qu'est-ce que ça nous apporte défensivement, offensivement ? Notre préparatrice mentale, Nodjialem Myaro, a aussi travaillé trois fois plus que sur un match classique. Elle a fait le profilage général de l'équipe, c'est-à-dire qu'elle a identifié quel message allait le plus toucher ce groupe spécifique de vingt joueurs. Donc quelles informations il fallait mettre dans la causerie pour que Philippe Montanier puisse être le plus efficace possible dans ses mots. J'ai passé deux journées entières à récupérer un maximum d'informations sur chaque individualité nantaise. Sur un match de championnat, je n'ai pas le temps d'aller à ce niveau de détails là. On prend les deux points forts, les deux points faibles, on regarde ça. Là, on a vraiment pris le temps d'analyser tout l'effectif. On est vraiment allé dans un niveau de détails, de standards, qui était beaucoup plus poussé que d'habitude. On a énormément travaillé les tirs-au-but, quasiment tous les deux jours à l'entraînement pour que les joueurs soient prêts. Pas uniquement dans l'exercice du tir, mais même dans tout ce qui précède l'arrivée au point de pénalty. On a fait des mises en situation dans le Stadium, à partir du rond central pour travailler sur la respiration, sur la concentration, ce sur quoi le joueur doit se focaliser avant d'arriver jusque-là, etc.
On a filmé toutes les séances d'entrainement de tirs-au-but, on a fait des statistiques dessus pour permettre au staff d'avoir une liste qui était prête dès la veille du match, avec les joueurs dans l'ordre, par rapport à ceux qui ont le mieux performé dans la mise en situation, ceux qui ont le plus souvent marqué quand on a fait les entraînements, ceux qui avaient les meilleures statistiques.
Donc les coachs ont pu faire leur liste, puis l'ajuster en fonction des remplacements, et la liste était faite de la façon la plus préparée en amont possible avec, encore une fois, la logique de minimiser le risque. Parce qu'on sait très bien qu'on est dans des situations, à l'instant T, de fortes émotions. Qu'il peut y avoir dix mille choses qui sont en train de courir dans notre tête. »

Sachant que tous les joueurs ne gèrent pas les émotions de la même manière. Le caractère ou l'expérience influent forcément sur la gestion émotionnelle ...
« Absolument, et même sur le banc. Le staff, de façon générale. Il y a cette gestion émotionnelle qui est encore là. Et le fait d'avoir partagé ces scénarios, d'avoir partagé ces approches, qu'on soit tous alignés, ça permet aussi d'avoir un peu de recul et de dire : « - Eh, souviens-toi, on s'était dit que s'il se passe ça, on fait comme ça. - Ah ouais c'est vrai, tu as raison ... » C'est-à-dire qu'on a même travaillé, dans la semaine avant la

finale, les rôles de chacun. Les membre du staff, les analystes, etc. quel va être notre rôle à J-1 ? Quand on va découvrir le Stade de France, qu'est-ce qu'on doit faire ? « Toi, dans ton rôle, c'est de faire ça, ça, et ça. Tu testes telle et telle chose. La communication entre les analystes et le banc ? Ok, elle passe ! » Puis la même chose, jour de match : « Toi, ton job, ça va être de faire ça, ça, et ça. » De façon encore plus précise, pour que les communications soient le plus fluides et qu'on sache tout. « Tiens, quand tu vas aller échauffer tel joueur, tu nous passes l'info et nous, on regarde par rapport au scénario ce qu'on avait prévu pour lui. » C'est comme ça qu'on a réussi à communiquer de manière très fluide. »

Dans un autre chapitre de ce livre, Damien Comolli explique que vous avez cherché à brouiller les pistes sur coups de pied arrêtés lors des matchs de championnat précédant la finale. C'était notamment le cas à Lorient, où vous avez assumé de risquer une défaite pour mieux préparer le match contre Nantes ...

« Oui, et pour tout dire, on a même commencé à réfléchir à notre stratégie dès le match contre Lyon (14 avril 2023, 1-2). Parce qu'on reçoit l'OL, et Logan Costa (double buteur en finale de Coupe de France) est titulaire lors de ce match. On avait remarqué que les Lyonnais, sur corner défensif, se positionnaient de façon à peu près similaire à Nantes à ce moment-là. Donc on a commencé à regarder ce que Logan pouvait faire contre Lyon, à lui faire faire deux, trois courses différentes pour voir quel était son timing et dans quelles zones il pouvait aller. Une fois qu'on a pris les infos à ce sujet, on a travaillé avec la même logique lors du match suivant face à Lorient, mais sans qu'il soit titulaire. On a aussi changé les signes. C'est à dire que sur les coups de pied arrêtés, un bras levé c'était premier poteau, deux bras levés c'était second poteau. Et à un moment, on a brouillé les pistes en changeant ces logiques-là. On a fait faire des courses aux joueurs qui ont servi de leurres. Sur un de nos corners offensifs, on a mis en place une combinaison qui demandait à Stijn Spierings de partir au premier poteau, et que tout le monde parte avec lui. On n'a pas marqué, mais ça ne posait pas de problème, on assumait l'idée de rater une occasion de but puisque l'idée était ailleurs. Il fallait que Nantes pense qu'on allait faire la même chose, avoir les mêmes départs, les mêmes courses sur corner rentrant en finale. À savoir, que tous nos joueurs couperaient au premier poteau. Afin que Logan, qui était titulaire, soit en fait isolé dans leur dos. Donc on a vraiment eu cette logique de préparation en trois semaines sur les coups de pied arrêtés, qui a formidablement bien marché. Et ça, il faut le rendre aux joueurs parce qu'ils ont été super concernés sur la mise à la place. »

Le premier but de Logan Costa, qui ouvre le score sur corner en finale, ne doit donc, manifestement rien au hasard. Comment vous est venue l'idée de faire des coups de pied arrêté, votre botte secrète ?

« L'idée sur cette combinaison, c'était vraiment de dire : on sait que Logan a des capacités qui sont peut-être un peu moins connues,

parce qu'il a moins joué. Mais nous, on le voit toutes les semaines quand on fait les mises en place sur les coups de pied arrêtés, il travaille très bien. On sait qu'on peut le trouver, on sait qu'il a la puissance physique pour aller gagner un duel. Donc on se demande ce qu'il faut faire pour arriver à créer une situation de 1 contre 1 où il va être isolé, qu'il y ait tout le monde hors du ballon, qu'il ait de la place, qu'il ait son espace pour lui, pour qu'il aille gagner son duel et s'imposer. Le fait de brouiller les pistes à Lorient, une semaine avant la finale, nous a permis d'exploiter ses qualités. Sur le deuxième but de Logan en finale, il parvient à nouveau à se retrouver dans une situation un peu différente, sur coup-franc cette fois, mais avec une remise de Stijn Spierings. C'est le fruit d'une autre combinaison qui fait qu'il reste au premier poteau, et sur le deuxième temps, Stijn le voit seul et parvient à le servir. »

Le troisième but, inscrit par Thijs Dallinga, est d'un tout autre registre. L'action qui amène le but est un modèle du genre, qui témoigne du temps que vous avez passé à préparer cette rencontre et analyser les Nantais et leur attitude …

« En fait, il y a plusieurs étapes. La première, c'est l'analyse, effectivement que Ludovic Blas ne défend principalement que devant lui. À partir du moment où c'est dans son dos, il ne s'en occupe plus. Donc qu'est-ce qu'on fait pour l'attirer ? Comment ouvrir l'espace dans son dos ? Comment faire en sorte qu'une fois que le ballon est à son niveau, Gabriel Suazo ait la capacité de prendre l'espace, parce qu'il va se retrouver seul ? Donc ça, c'est mis en place en amont avec le staff. Un autre élément, c'est qu'on sait aussi que Nicolas Pallois et Fabien Centonze font du marquage individuel. Donc dès qu'on les dézone, ils suivent. Et sur la mise en place, la veille du match à Chambly, ce qui se passe, c'est qu'on a demandé à Warren Kamanzi (qui jouait au poste de Fabien Centonze lors de la mise en place) de rester sur Farès Chaibi. Donc à chaque fois que Chaibi rentrait "intérieur", Suazo voyait qu'il avait un boulevard …

Alors, à la fin de la mise en place, il est allé voir Carles Martinez Novell et Thijs Dallinga, notre attaquant, pour leur faire passer l'info. Il a dit à Dallinga : "Si jamais Chaibi rentre "intérieur" et que Centonze le suit, prends la profondeur parce que moi, cette passe, je peux te la mettre !" Donc à la sortie des 5m50, Rasmus Nicolaisen temporise pour que le bloc s'étire. Stijn Spierings redescend parce qu'il veut attirer et ouvrir un grand espace pour Brecht Dejaegere - tout ça a bien été travaillé dans la semaine. À partir du moment où Nicolaisen baisse la tête pour faire la passe, Suazo part, parce que c'est ce qui a été décidé. Et derrière, tout s'enchaine : la remise rapide de Dejaegere, Suazo qui se retrouve avec de l'espace, comme il l'avait identifié la veille. Il met le ballon à Dallinga, et ça finit au fond. Et je trouve que c'est super intéressant parce que finalement, il y a une part d'analyse en amont, mais là, on sent aussi la qualité des joueurs qui sont capables d'adhérer et d'améliorer encore le dispositif tactique. »

« Si on peut, un jour, gagner une Coupe d'Europe, on essayera. »

Est-ce que vous vous rendiez compte que vous étiez en train de placer le curseur du détail, de la préparation, de la performance, à un niveau certainement jamais atteint ?

« Oui, dès la semaine qui a précédé le match de Lorient, en fait. Parce que, justement, c'est là où on commence à vraiment tout intégrer. C'est là où tout se met en place sur la préparation mentale, sur l'analyse de l'adversaire, les individualités en face. J'ai fait un document d'une trentaine de pages avec toutes les individualités de Nantes. Qu'est-ce qu'ils font bien, qu'est-ce qu'ils ne font pas bien, quel joueur est le plus adapté chez nous pour être en face d'un point de vue statistique et par son profil pour le contrer, quel joueur est le mieux pour l'attaquer par rapport à ses faiblesses ... On a passé en revue un document de trente pages comme ça sur tout l'effectif de Nantes. Ça, c'est un truc très chronophage, c'est le seul match de l'année où j'ai pris le temps de le faire parce que ça prend énormément de temps. Pour tout dire, nous sommes même allés jusqu'à s'intéresser à l'arbitre de la rencontre, M. Benoit Millot, dès qu'il a été assigné à la finale. J'ai d'abord procédé à une analyste statistique pour voir s'il avait tendance à siffler plus ou moins souvent dans la surface, quel type de fautes il sifflait, etc. Puis on a essayé de récupérer l'ensemble du match au cours duquel il avait été équipé par Prime Video afin de l'écouter parler aux joueurs, lors de Lyon-Nantes (1-1, 17 mars 2023). On n'a pas pu l'obtenir, donc on s'est contentés du reportage de 8 minutes. Mais sur cette séquence, il y a tout de même eu un fait de jeu intéressant, avec un bloc de Moussa Sissoko qui nous paraissait volontaire, et que M. Millot a interprété différemment. Donc on a regardé tous les corners et les coups-francs qu'il a arbitrés sur la saison, afin de montrer au staff qu'il était assez indulgent sur ces actions de jeu. On en a parlé à Branco van den Boomen, chargé des coups de pied arrêtés, ainsi qu'au capitaine, Brecht Dejaegere, pour qu'ils attirent l'attention de M. Millot sur le fait que Moussa Sissoko faisait très souvent ce même bloc et que ce n'était pas fortuit. Ça n'aura pas eu tant d'incidence que ça sur la finale, mais c'est un exemple supplémentaire de notre volonté d'essayer de maitriser un maximum d'éléments autour de ce match. Parce que l'enjeu en valait le coup, valait cet investissement. En général, on a une profondeur d'analyse plus ciblée et plus superficielle sur les matchs championnats. On peut s'inspirer de ce qu'on a fait sur cette finale pour dire que notre prochain step en termes de standards de préparation, ça devrait être celui-là. Et c'est marrant, parce que ce sont des choses dont on a parlé avec Carles Martinez Novell (alors entraineur adjoint de Philippe Montanier, aujourd'hui entraineur principal de l'équipe première) et Aurélien Dubéarn, l'analyste vidéo. On est conscients que c'est notre guide de préparation idéale de match. On sait qu'aujourd'hui, on n'est pas assez staffé pour aller à ce niveau-là, mais l'idéal, ce serait de faire ça à chaque fois. »

Avez-vous eu le sentiment que, dans votre travail, dans l'approche et dans la manière dont ça a été récité, cette finale a été une symphonie ?

« Clairement. On a pu préparer plein de choses, on a préparé d'autres matchs en amont, on avait écrit des scénarios, et il ne se passait pas exactement ce qu'on avait imaginé. Ou même si on essayait, l'exécution n'était pas parfaite. Là, sur ce match, sur sa première demi-heure, c'est un sentiment qui est, mais, incroyable. Parce que tout ce à quoi tu as pensé s'est produit. Et en plus, c'est exécuté à la perfection par les joueurs, parce qu'ils étaient prêts, ultra concentrés. Il n'y a pas eu ce truc qu'on a eu sur la demi-finale, cette crainte avant match. Là, on était sûrs nos forces, on savait qu'on pouvait le faire, qu'on avait bien tout préparé et que les joueurs étaient capables de le faire.

Et c'est là où c'est une récompense, ou en tout cas, le signe d'un super travail de tout le club et pas uniquement de la data. Parce qu'effectivement, je peux imaginer quelque chose sur le papier, mais si le joueur vient, qu'il ne se sent pas bien en France, qu'il n'est pas bien accueilli, qu'à côté de ça il a des problèmes familiaux et qu'il n'est pas concentré sur le foot, etc., ça peut tout changer. Il y a énormément de facteurs qui peuvent faire que le joueur ne va pas être performant ou au maximum de ses possibilités, et que ça ne va pas fonctionner. Donc il faut vraiment donner le crédit à tout le club pour ça. Déjà parce que sur la vision et l'approche générale du TéFéCé par rapport à la data, ce n'est pas juste un truc que je fais comme ça, dans un coin. C'est vraiment une politique, emmenée et menée par Damien Comolli, qui crée de la valeur. Et c'est renforcé par tout ce qu'il y a autour de la performance des joueurs. Que ce soit le fitness, la préparation mentale, la nutrition, le staff, la récupération, la réhabilitation, l'accompagnement en dehors, l'accompagnement des familles, les cours de français, les interprètes, etc. Si on arrive à avoir ce succès depuis deux ans - on a quand même remporté deux des trois trophées majeurs en France en deux ans, c'est parce que c'est une réussite collective. »

Vous rappelez souvent que vous essayez de tout rationnaliser au maximum, avec une approche scientifique de la performance et du résultat. Mais est-ce que vous accordez tout même une part, si ce n'est infime, de hasard au succès du TéFéCé dans cette Coupe de France ?

« On fait tout pour qu'il n'y ait pas de hasard, mais il y aura toujours un peu d'aléatoire. Ce n'est pas pour jouer sur les mots mais, justement tout ce qu'on peut maîtriser, on va chercher à le maîtriser et à l'anticiper, on ne veut pas qu'il y ait de hasard là-dessus. En revanche, il y a des choses, que je vais appeler l'aléatoire, qu'on ne pourra pas maîtriser et on ne pourra jamais les anticiper. Ça, il faudra qu'on vive avec. Damien Comolli dit souvent : “On peut perdre, mais on n'a pas le droit d'être moins préparés”. Ça résume tout. On sait que l'aléatoire va exister, et ça, on ne le contrôlera pas. Dans ces moments, il faut s'en remettre à la qualité des joueurs et du staff, pour avoir la bonne réponse et la bonne réaction face à cet aléatoire. Mais si on a préparé tout le reste en amont, c'est plus fluide pour tout le monde. »

Vous avez directement travaillé sur les multiples scénarios possibles en finale. Y en a-t-il un que vous n'aviez pas préparé ?

« C'est marrant parce qu'il y a un truc dont on a parlé après la finale, on y a tous pensé

mais on n'a jamais voulu l'écrire : qu'est-ce qu'on fait si on mène 4-0 ou 5-0 à la mi-temps ? Ce scénario, il nous a tous traversé l'esprit, mais on ne l'a jamais couché sur le papier. Et je ne sais pas pourquoi, parce que même moi qui essaye de rationaliser au maximum, j'ai fini par tomber dans le "petit truc", le biais, l'irrationnel, "la jambe gauche d'abord", etc. Toutes les superstitions qui ne servent à rien et auxquelles je ne crois pas une demi-seconde.

Je pense qu'une partie de moi n'a pas voulu mettre les gens avec qui je travaillais, mes collègues, dans une zone inconfortable justement parce qu'il peut y avoir ce genre de croyances dans le sport. Donc je me suis dit : "Allez, on ne va pas venir là-dessus. C'est un scénario qui nous ira quoi qu'il arrive." Mais c'est vrai qu'on y a tous pensé, et on s'en est rendu compte en en parlant après.

D'ailleurs, c'est drôle, parce que trois semaines après la finale, on va jouer à Nice. Et ce jour-là, il y a la finale de la Coupe d'Europe de rugby entre La Rochelle et le Leinster. En début de match, le Leinster surclasse la Rochelle, mais à la fin, c'est La Rochelle qui l'emporte. Et en fin de match, Brice Dulin, l'arrière de La Rochelle, donne une interview. Dans laquelle il explique qu'ils avaient abordé ce match avec plusieurs scénarios. Et que, parmi eux, il y en avait qui anticipait une sur-domination du Leinster en début de match, avec plusieurs essais encaissés. La solution à ce scénario était de rester calme, parce qu'ils savaient que, quoi qu'il arrive, ils avaient les capacités pour revenir. J'ai tout de suite fait le lien avec notre approche du match de Nantes, avec tous les scénarios qu'on a pu faire, et je me suis dit que c'était encore un exemple de club de top niveau qui pense "processus". Qui ne se laisse pas envahir par l'émotion du résultat, mais qui pense à la manière de performer. Qu'est-ce que je dois faire pour maximiser, pour favoriser mon résultat à la fin, sachant que je n'ai pas la main sur le résultat, parce qu'il y a aussi une équipe en face qui veut gagner ? Tout ce que je sais, c'est que j'ai la main sur tout mon processus de travail, d'approche du match et de réflexion. »

Qu'est-ce qui vous donne envie, désormais, de connaitre quelque chose d'encore plus irrationnel que ce que vous avez vécu sur ce parcours en Coupe de France ?
« On se dit, depuis le premier jour avec Damien Comolli, qu'il n'y a pas de limites. Donc il n'y aura pas de limites. Si on peut, un jour, gagner une coupe d'Europe, on essaiera d'aller la gagner. Si on peut aller chercher un titre de champion de France de Ligue 1, on ira chercher un titre de champion de France de Ligue 1. Il n'y a aucune raison de se mettre des limites, il faut qu'on soit ambitieux. »

LE DUO MYARO/DEMEAUX, AU SERVICE DE LA PSYCHOLOGIE DE GROUPE

Le rôle de Julien Demeaux en Coupe de France ne s'est pas cantonné à son expertise de la donnée et sa maitrise des logiques prédictives. Comme d'autres membres du staff professionnel, il a été associé à un groupe de travail particulier, indépendant de son domaine de compétence mais pas sans rapport. D'un naturel calme, sensible, réfléchi et - vous l'aurez compris - pragmatique, il a formé un binôme avec Nodjialem Myaro, la préparatrice mentale du TéFéCé au sein du groupe « Psychologie », pour accompagner le staff et les joueurs professionnels dans la préparation mentale de la finale. « Avec Julien, on faisait partie d'un pôle, le pôle "Psychologie" qui était un des nombreux pôles créés par le Président, spécialement pour la finale de la Coupe de France », pose Nodjialem Myaro. « Tout au long de l'année, Nodjialem travaille avec les joueurs, mais également le staff, que ce soit de façon collective ou individuelle, sur l'approche mentale, précise Julien Demeaux. Et d'expliquer : Comment faire en sorte que le joueur soit bien et prêt à performer le jour J ? En voyant les craintes, les peurs, les insécurités qui ont émergées avant la demi-finale contre Annecy, je l'ai eu au téléphone, un peu dans un rôle de coordinateur. On a discuté tous les trois, Nodjialem, Damien et moi, en se demandant ce qu'il fallait faire lors des trois semaines à venir, pour que ça ne se reproduise pas pour la finale et qu'on arrive tous plein de confiance, sûrs de nos forces et qu'on soit prêts à performer au maximum à Saint-Denis. »

La création du tandem Myaro/Demeaux, formé par le président Damien Comolli, n'a rien d'un hasard. L'homme fort du TéFéCé connait les tempéraments et les qualités de ses deux intervenants, et sait que leurs approches peuvent être complémentaires pour chasser les doutes qui pourraient apparaitre au fil de la préparation. « On est le Yin et le Yang, résume la préparatrice mentale. C'est aussi une vision. Lui c'est la data, c'est très "froid", figé, très factuel. Et j'apportais plus le côté humain, relationnel, qui n'est pas figé, très incertain. Notre force, et la réflexion de Damien, était d'aller chercher nos deux personnes, très différentes et complémentaires, en se disant que si on travaillait ensemble, par nos différences, on allait apporter quelque chose de plus. Indépendamment du fait qu'on s'entend très bien et qu'on s'apprécie beaucoup, Damien a su faire matcher nos compétences. "Je veux ce regard-là du Yin, je veux ce regard-là du Yang". L'idée, c'était vraiment de co-construire, avec nos convictions. »

« Julien est comme ça, c'est la profusion d'idées. Ça fusionnait d'idée, on a fait un nombre de réunions incalculables et d'échanges dans le bus, avec le coach, en allant à l'entrainement, pour confirmer ou infirmer des choix, qui sont souvent de fausses bonnes idées. Exemple : l'intervention d'une personne extérieure au club, qui aurait pu venir parler aux joueurs ou faire un discours motivationnel sur de l'expérience ? C'était une très bonne idée ! Mais est-ce que c'était LA bonne idée ? Peut-être pas ... Il y a eu beaucoup de fausses bonnes idées. Notre rôle, c'était de les desceller et les écarter. »

La veille au soir de la finale, le président Damien Comolli a organisé une soirée pour le staff à l'hôtel, dans l'intimité la plus totale. Aucun joueur n'y était convié, aucun membre du personnel hôtelier n'était de service non plus. Seul le staff professionnel, auquel était greffé la cellule communication du TéFéCé, étaient de ce moment festif. Une décision qui n'avait rien d'un choix fait sur un coup de tête pour tuer le temps la veille d'un match de cette importance. Simplement le résultat d'une énième réflexion encouragée par Nodjialem Myaro, qui avait pour vocation de souder et maximiser la cohésion de toutes les entités entre elles, avant d'entrer dans l'arène. « Un truc con, mais avant la finale, le président a rassemblé le staff et la cellule communication pour qu'on prenne un verre à l'hôtel. Et ça, c'était anticipé. Parce que le staff, ce n'est pas tout le monde (la cellule communication est détachée du staff sportif). Donc on s'est encore posé des questions. "Quand le faire, avec qui ?" Damien avait tous ces paramètres en tête. Et je sais qu'une partie du match s'est aussi jouée là. Pour la cohésion, la connexion entre toutes les entités. Damien m'en avait parlé depuis longtemps, il voulait vraiment organiser ce moment, le faire. Parce que ç'aurait été facile de rentrer dans nos chambres. Mais non, c'était important. Il fallait prendre un verre tous ensemble, sans les joueurs, et faire équipe. Ce sont des détails, des petites choses, qui font une grande différence. »

Une minutie qui s'est prolongée jusqu'à Saint-Denis, où rien n'a été laissé au hasard au Stade de France. Ni le soir de la finale. Encore moins la veille, à l'occasion de l'entrainement, qui a permis à la préparatrice mentale et son acolyte du groupe « Psychologie » de peaufiner les derniers détails. « Certaines familles avaient envoyé des photos des joueurs lorsqu'ils étaient enfant. Donc on s'est dit qu'on allait les poser discrètement dans le casier du joueur en question. Pour qu'ils se rappellent leurs rêves à cet âge-là. La veille de la finale, lors de l'entrainement au Stade de France, Philippe Montanier m'a demandé où étaient les familles. Alors on s'est renseigné, et on a donné l'info. Comme ça, en entrant sur la pelouse, les joueurs savaient que leurs familles étaient à tel endroit. Ce n'est pas grand-chose, mais c'est hyper important pour les joueurs de savoir où regarder, où trouver des repères. Ils ont besoin de ça, et ça leur évite de se poser la question pendant le match. S'il un joueur marque, il sait où aller. Il ne tourne pas la tête au hasard, ne se demande pas où est sa famille, si elle va bien, les enfants, la mère, etc. Et nous, ça ne nous coûte rien. Le bénéfice par rapport à l'investissement est fou. »

CHAPITRE 10

NICOLAS, JACQUI, DIDIER ET PIERRE
À chacun sa coupe

C'est un évènement partagé, qui comptera autant de récits que de personnes qui l'ont vécu, si ce n'est plus. Depuis le virage Sud du Stade de France, la place du Capitole à Toulouse, entre deux têtes plus grandes que vous dans un bar, au rythme des commentaires (de RMC !) en voiture ou de France 2 dans le canapé, tous les Toulousains ont vécu un moment à jamais gravé dans leur mémoire, avec le lot d'histoires et d'anecdotes qui accompagnent ces instants d'une rareté à nulle autre pareille.

Pour ce livre, nous avons rencontré trois d'entre eux. Tous n'étaient pas à Saint-Denis. Tous ne sont pas supporters du TéFéCé, ni même Toulousains. Mais tous sont conscients d'avoir vécu un week-end absolument unique, comme privilégiés d'avoir été témoins d'un pan d'histoire du foot, mais pas seulement. Un pan d'histoire du sport, et d'une ville.

Nicolas Pelletier : « Bien plus qu'une victoire. »
Le métier de reporter peut paraître ingrat ou privilégié, en fonction de l'importance qu'on accorde à la couverture d'un évènement. Nicolas Pelletier, lui, s'en foutait. Jeune reporter pour RMC, c'est avec l'indifférence et le désintérêt le plus total qu'il s'est retrouvé dans une navette à Blagnac, pour prendre le pouls d'une ville qu'il avait, jusqu'alors, du mal à situer sur une carte, et qu'il n'associait que de trop loin au football. Sa mission : partager l'ambiance avec les auditeurs.

Pourtant, il n'aurait certainement jamais aussi bien ressenti l'évènement sans cette distance avec Toulouse, ses supporters, leur passion et leurs émotions, retranscrites avec l'objectivité d'un regard nouveau. Il n'imaginait pas, alors, que la finale la plus populaire du sport français puisse avoir un tel écho dans une ville qu'il ne pensait dévouée qu'au rugby. Mais Toulouse aime le sport, ses sports, et ses

Nicolas Pelletier (RMC) deuxième en partant de la gauche entouré de supporters toulousains.

équipes. Le jeune reporter de RMC s'en rendra compte, dans le récit d'un week-end cent pour cent Ville rose, qui voyait d'abord le Stade Toulousain affronter le Leinster en demi-finale de Coupe d'Europe de rugby, avant que les Violets ne prennent la relève pour la finale de la Coupe de France. Le temps d'un soir de communion entre une ville et son club de foot. Effectivement, c'était forcément un moment particulier. Particulier pour une première à Toulouse, particulier pour une finale de Coupe de France vécue à distance au cœur du public, particulier pour une ambiance extraordinaire. Je découvre la place du Capitole et les rues adjacentes pendant deux jours. Ces rues sont habillées de violet et ça, c'est déjà un évènement ! Ce samedi-là, Toulouse était au centre du monde sportif, et donc au centre de RMC pendant toute une journée. Une journée spéciale où les habitués du débat rugby dans les cafés de la ville avaient laissé place au ballon rond. Toulouse est aussi une terre de foot. La place du Capitole, que j'étais venu voir la veille pour m'imprégner des lieux, va très rapidement se transformer. Les terrasses et les parasols vont laisser place aux grillages, grand écran et filtrages, comme dans un stade de foot ou de rugby. Car l'ovalie ne voulait et ne pouvait pas laisser la vedette aussi facilement pendant une journée au TéFéCé. C'est la particularité de ce week-end de sport à Toulouse, le hasard du calendrier a placé une demi-finale de Coupe d'Europe de rugby l'après-midi de la finale de la Coupe de France. S'il y avait plus de chances de voir le Stade Toulousain à ce niveau de la compétition européenne, la présence du Toulouse FC était bien plus étonnante, surtout que cela faisait soixante-six ans que ce n'était pas arrivé, alors que l'autre grand club de la ville est un habitué du dernier carré de la Champions Cup !

La place du Capitole a donc vibré pour deux évènements, et était particulièrement échauffée après cette demi-finale face au Leinster. Rapidement, les fans du Stade Toulousain ont pourtant compris que cette demi-finale ne serait pas pour eux. Et malgré la défaite, l'ambiance restait belle. Certains supporters ont rapidement quitté la place pour se rendre à quelques rues de là, dans les bars du centre-ville, histoire de boire un coup et de se refaire le match entre amis. Je décide de suivre sobrement le mouvement, car j'ai quelques directs à réaliser, et en commentant l'ambiance sur RMC, je me suis fait quelques amis. De vrais camarades, des fans de la première heure du Super Moscato Show. Merci à Vincent et à sa bande ! Et c'est avec eux, pendant trois heures, que je vais arpenter les rues de Toulouse pour sentir cette ambiance monter avant la finale de la Coupe de France face à Nantes.

On prend les mêmes supporters… et on recommence

Au détour de quelques rues proches de la place du Capitole, apparaît devant moi la fameuse place Saint-Pierre. Très honnêtement, j'en avais entendu parler mais je ne me doutais pas qu'un tel endroit pouvait être le rendez-vous des passionnés de sports, et pas que… Et me voilà, quelques minutes plus tard, « Chez Tonton », sur les bords de la Garonne. La spécialité ? Le Pastis Ô Maître. Un lieu très connu des sportifs toulousains pour célébrer les victoires du « Stade ». C'est ici le centre névralgique de l'animation d'avant-finale à Toulouse. Des chants à la gloire du « Téf », bières et supporters plus rouges que le maillot du Stade ! Toulouse se remet petit à petit de la défaite en rugby avant de changer de ballon et, pour certains, de couleur de maillot, et bifurquer sur cette finale de Coupe de France. Toujours accompagné par mes camarades et une petite bière plus tard, nous décidons de retourner vers la place du Capitole. Les directs à la radio s'enchaînent, je reste digne, même si la bière me fait savonner, comme on dit dans le jargon ! Pour notre retour, la place du Capitole est déjà bien remplie. La banderole « Toulouse is red », accrochée à l'un des bâtiments de la place pendant l'après-midi, a disparu. À présent, Toulouse est violet. L'atmosphère est tendue, un changement brutal en quelques heures. La place va rapidement afficher complet, comme si tout Toulouse s'était donné rendez-vous ici pour vivre un moment d'histoire. À travers un écran géant, les fans toulousains essayent de donner de la voix, de pousser les leurs à Paris. Une ambiance explosive, chaude, comme on aime. Certains supporters, présents dans les rues adjacentes, sont obligés de faire demi-tour puisque la jauge est rapidement atteinte. Les forces de l'ordre ne s'attendaient pas à autant de monde sur place, une incroyable affluence, mais tout est fait dans la maîtrise et surtout dans le calme. La fête a commencé et rapidement, pour une finale qui semblait indécise sur le papier, Toulouse a mis la place du Capitole en transe. Sur tous les buts des Toulousains, le Capitole s'embrase, la couleur des fumigènes se reflète dans les lumières violettes présentes sur les murs de la mairie. Les images sont sublimes et feront le tour des médias le lendemain.

Des célébrations « à la Toulousaine »

« Le TéFéCé est en train de le faire, et de quelle manière », me lâche au micro un supporter déjà en larmes. La plupart des fans sont torse nu, un drapeau géant aux couleurs du club flotte bien haut, et les fumigènes violets sont en train d'éclairer le Capitole ! La phrase qui revient le plus souvent sur les lèvres des supporters : « C'est bien plus qu'une victoire. » Les pots de fumée de couleur violette continuent de s'élever à plusieurs endroits de la place. Les supporters commencent à tendre leurs écharpes du TéFéCé vers le ciel et se lancent l'hymne du club, le « Se Canto ». J'avoue qu'à ce moment-là, les poils de mes bras de reporter se hérissent. Heureux d'être là et de pouvoir le raconter sur RMC, même si le bruit autour de moi est impressionnant, et qu'à l'antenne, tout n'est pas bien audible. C'est vraiment un moment particulier. Un moment historique et le « kiff » est bien présent alors que Toulouse n'est pas du tout mon club de cœur. Les gens sont heureux, aucun débordement. C'est juste magnifique. Cette victoire en Coupe de France est très symbolique pour les fans du Toulouse FC. Un succès qui arrive à peine quelques mois après une remontée en Ligue 1. Une vraie dynamique autour de ce club se produit depuis plusieurs semaines. Sur la place, cette fiesta va durer toute la nuit. Les bars avoisinants sont totalement pris d'assaut. Les supporters regagnent les rues autour de la place du Capitole jusque sur les bords de la Garonne, où des settings festifs sont improvisés non loin du quai de la Dorade. Les Toulousains veulent prendre le temps de célébrer ce titre. Je décide de les abandonner pour essayer d'aller dormir un petit peu afin d'être à peu près frais pour les célébrations du lendemain, qui s'annoncent grandioses.

Le jour d'après…

Le premier direct est programmé à 9 heures, dans les Grandes Gueules du Sport. Je suis revenu sur la place du Capitole pour continuer à m'imprégner de ce lieu qui a connu une telle ferveur la veille, et qui s'apprête, ce dimanche, à connaître un autre grand moment : la présentation du trophée par les joueurs au public. Je me dirige ensuite vers la gare Matabiau, où les premiers supporters présents la veille au Stade de France sortent d'un des trains affrétés pour l'occasion. Les visages sont marqués, la nuit a été courte, mais ils savourent. Les directs s'enchaînent, le plus émouvant restera celui de 11h avec deux supporters, la quarantaine, le maillot du « Tèf » d'une autre époque sur les épaules. Deux fans qui ont traversé le temps d'un TéFéCé moins reluisant et qui, les yeux humidifiés par l'émotion, reviennent sur cette soirée magique qu'ils ont vécue la veille au Stade de France, où ils n'avaient jamais mis les pieds ! Émus aux larmes, les deux vont pratiquement craquer en direct à l'antenne. À ce moment précis, je prends conscience qu'il s'agit de bien plus qu'une victoire en finale de Coupe de France. L'événement est de taille. C'est l'histoire d'un club, d'un peuple passionné de foot dans une ville où l'ovale a toujours prédominé, qui a chaviré de bonheur ce 29 avril 2023.

Le début d'après-midi me permet de me reposer légèrement, avant de rejoindre la place du Capitole où la foule commence à arriver dès 15 heures. Les chants à la gloire du club s'enchaînent. Je retrouve l'équipe de BFM TV de Jean-Wilfried Forquès, le correspondant à Toulouse. On fait un peu de repérage pour l'arrivée du bus des joueurs, le cheminement vers l'intérieur du Capitole et la mairie. Et je vais découvrir un endroit unique et exceptionnel à la fois : la salle des Illustres. L'endroit est impressionnant. Une salle toute en longueur, décorée par des sculptures, des dorures, du marbre et des peintures. Le parquet qui craque sous les pieds. Ce lieu accueille les mariés pour s'y dire « Oui ! », mais aussi les joueurs de rugby qui viennent y fêter leurs trophées (vingt-deux Brennus et cinq coupes d'Europe, entre autres) et donc, depuis peu... les footeux, avec le trophée de champion de France de Ligue 2 en 2022 et un an plus tard, la couFranceFrance. Dans notre repérage, nous allons, l'espace d'un instant, prendre la place de Brecht Dejaegere, le capitaine du TéFéCé, sur le balcon de la mairie, pour dominer la foule. La vue est sublime, magnifique devant une foule vêtue de violet. Il y a déjà beaucoup de monde. Le Capitole est bien violet, accompagné par les fumigènes.

L'attente est longue !

Les joueurs ont du retard. Le message est passé chez les supporters et les curieux qui se sont rassemblés sur le carreau. Pendant un peu plus de deux heures, sous le soleil, les supporters vont patienter en chanson. Chacun regarde son téléphone p'ur suivre l'arrivée du vol en provenance'de Paris. L'ambiance est gr'ndiose. À l'intérieur de la mairie, les proches des joueurs arrivent, Monsieur le Maire est aux anges, chacun prend le temps d'aller vers les balcons pour prendre en photo la foule venue vivre ce moment histo'ique. « D'habitude, ces moments sont plus pour le Stade Toulousain. Ça change un peu », plaisante Jean-Luc Moudenc, le maire de la cité. Aujourd'hui, la place est pour les passionnés de foot, mais pas seulement. Les talkies-walkies des forces de l'ordre crépitent ! Le bus des joueurs vient de pénétrer rue de Rémusat. « Il n'est plus très loin », me précise un supporter qui a compris que je n'étais pas de Toulouse. L'ambiance monte d'un cran, les regards des fans sur la place se tournent vers la gauche. Ils ont compris que c'est imminent. Ce moment, je m'en souviens, car le direct prend le dessus sur RMC et BFM. Je revois Philippe Montanier sortir du bus, tout sourire. Je me souviens d'une chose : le son. Le bruit de la foule. La situation s'apaise quelques instants, le temps que les joueurs montent vers la salle des Illustres. Je les suis au pied de l'estrade qui a été installée pour les discours des officiels. Les joueurs sont tous là, vêtus d'un t-shirt blanc « Vainqueurs 1957 – 2023 », ou violet « Le Capitole est violet ». Ensuite, c'est un incroyable brouhaha avec l'arrivée du capitaine. Celui que presque tout le monde à Toulouse appelle Bibiche. Brecht Dejaegere arrive au balcon pour soulever ce trophée tant attendu. Les joueurs se succèdent les uns après les autres et l'instant est immortalisé par plus de vingt mille personnes sur la place de Capitole. L'impression est forte, comme si Toulouse était devenu la capitale du foot ! C'est de la folie. Que des gens émus et heureux. Pour finir, je terminerai mon passage à Toulouse par une photo avec le trophée dans la salle des Illustres. Un véritable privilège, dont je suis très fier !

Être au bon endroit, au bon moment, pour vivre l'évènement. Le 29 avril 2023 et son lendemain feront date dans l'histoire du football à Toulouse et dans sa région. Un plaisir que seul le sport a le pouvoir de procurer. Que ce soit au Capitole ou dans la salle des Illustres, avec quelques privilégiés, tous les Toulousains se souviendront où ils étaient l'espace de ces deux jours. Et nombreux sont ceux qui pourront dire : « J'y étais. »

Jacqui Teulières : « Un rêve réalisé à quatre-vingt-dix ans ! »

Il y en a un, tout particulièrement, qui a croqué ces deux journées avec gourmandise. Du haut de ses quatre-vingt-dix printemps, Jacqui Teulières, l'ancien intendant du TéFéCé de 1986 à 2020, et surtout le président du tout premier club de supporters des Violets (Porte 18 au Stadium), a participé à la fête comme un gamin. Parti en train depuis Toulouse, il était accompagné de Didier Pitorre, véritable mémoire vivante du club, qui raconte l'expédition qu'il a menée avec celui qui pensait ne « jamais voir le TéFéCé au Stade de France avant (sa) mort » : « En fait, on m'a dit ce serait bien si je pouvais accompagner Jacqui. Donc on est partis avec un TGV spécial, entourés de beaucoup de supporters et de salariés du club. Mais il avait cinquante ans de moins dans la tête. C'était l'aboutissement d'un rêve. Il a fait tous les wagons. Il a salué tout le monde. Il a participé à tout comme un gamin : le paquito et la chenille. En arrivant au Stade de France, il y avait du violet partout. Ce virage Sud et l'énorme tifo. Quand j'ai vu "Capitolium" descendre sur trois étages, j'ai eu la chair de poule. On avait la larme à l'œil tous les deux. On a retrouvé l'ambiance multipliée par cent de ce que j'appelle "Le mur porteur du Stadium", le virage Taton. D'un corner à l'autre, les mecs debout qui ont chanté avant, pendant et après la finale. Ils ont prouvé à la France du football qu'à Toulouse, il y a un public énorme. Ils font partie aujourd'hui du nouveau TéFéCé avec les succès qui ont suivi : le titre de champion de Ligue 2, la remontée, et cette Coupe de France, ainsi que le maintien et la qualification pour la Coupe d'Europe. C'est du pain béni. Parce que ces jeunes connaissent le TéFéCé depuis moins de temps que nous. Et quand tu te retournes sur les années de galères qu'on a connues, il faut se rendre compte ce que ça représentait pour nous de se retrouver là. De la vivre et de la gagner, cette finale, avec un scénario incroyable. Au coup de sifflet final, on s'est pris dans les bras et on a pleuré. On a croisé Olivier Sadran (l'ancien président du TéFéCé) qui nous aidés à descendre dans les vestiaires. Quant Jacqui l'a vu, c'était émouvant de les voir ensemble, après ce qu'ils avaient connu ensemble. Il a même eu droit à une célébration dans le vestiaire des joueurs au Stade de France. On est des privilégiés. Jacqui ne voulait plus partir. Il a dansé avec les joueurs. Il a dansé la chenille.

COUPE DE FRANCE
COUPE DE FRANCE
TITULAIRES
COMPOSITION
TITULAIRES
COUPE DE FRANCE
COUPE DE FRANCE 2023

Il a chanté dans les tribunes. On a pris des photos avec la coupe de France dans le vestiaire. Je vous dis, il ne voulait plus partir ! Je lui disais, "Jacqui, il faut aller prendre le RER. On a un train à prendre pour rentrer à Toulouse..." »

Présent le lendemain dans la salle des Illustres, Jacqui Teulières était radieux. Quelques traits fatigués par le trajet, mais heureux d'avoir pu profiter de ces moments magiques, qu'il attendait depuis tant de temps : « Le Stade de France, c'était magnifique. Je me suis régalé. J'étais sur un nuage et j'ai atterri avec la coupe dans mes bras. J'ai fini dans le vestiaire des joueurs comme quand j'étais intendant. Il ne me reste plus beaucoup de voix, mais je tiens encore le coup. J'ai tout connu dans ce club. L'époque de la Coupe d'Europe avec Marcico, Tarantini, Passi et les autres. Les moments compliqués avec les Pitchouns et le redémarrage en National. Il ne me manquait que cette finale de Coupe de France. Tous les présidents, les entraîneurs et même certains joueurs avec lesquels j'ai travaillé. Tout le temps, elle m'était promise. "Jacqui ! On va y aller, cette saison, au Stade de France, reste encore avec nous..." Et ce n'est jamais arrivé. Il a fallu que je parte à la retraite, et trois ans après, on a fini par y monter, à Paris (rires). J'ai vécu une grande finale, quelque chose d'exceptionnel. C'est un rêve que j'ai réalisé à quatre-vingt-dix ans. Je suis profondément heureux. (Il décompose le mot :) HEUREUX ! Il m'a fallu attendre tellement de temps pour vivre ça, que je vais l'apprécier tout le temps qu'il me reste à vivre. Ce club, avec ma femme, c'est presque toute une vie. Des souvenirs, on en a énormément avec le quotidien que l'on a partagé avec toutes ces générations de joueurs. Alors avoir le plaisir de vivre une finale de Coupe de France et de voir le TéFéCé la gagner, c'est juste formidable. De voir cette ambiance au Stade de France, de voir tout ce monde en violet, au Capitole. Quelle fierté ! »

Didier Pitorre : « Il faut qu'il y ait un musée du TéFéCé. »

Cela fonctionne comme un jukebox, on y insère une pièce, puis sa petite sœur, avec délice... Lorsque Jacqui Teulières et Didier Pitorre sont dans les parages, il ne faut pas chercher la formule magique bien longtemps pour engager une conversation aux anecdotes sans cesse renouvelées, quand bien même l'histoire est connue depuis des lustres. « Figure-toi... », lance souvent l'historien. Et l'effet reste intact. Une voix rauque et douce à la fois, un art du récit à faire pâlir les meilleurs des conteurs, les gestes et les mimiques au service d'une représentation et d'une mémoire intacte qui livrent, sur un plateau, les moments les plus marquants de l'histoire du TéFéCé.

Cette passion, Didier Pitorre la doit à son papa, qui l'amenait au Stadium tout petit, dans les années 70. C'était l'époque de l'UST de Lilian Buzzichelli. Roger Pitorre, lui, était de la finale à Colombes en 1957. On comprend mieux pourquoi le fiston né en 66 n'aura pas d'autres choix que de suivre son père pour aller voir les matchs de foot. Né en 1966, âgé de cinquante-sept ans, Didier

Betclic
Inter
marché
TOULOUSE
FOOTBALL CLUB
FINALE
FFF
29 avril 2023

Pitorre s'en amuse : « Quand je dis que les planètes étaient alignées cette année 2023 ! Je suis né en 1966. Le TFC attend un succès en Coupe de France depuis soixante-six ans. J'ai cinquante-sept ans, 1957 l'année de la dernière finale ! C'était écrit. Je vous le dis : 29 avril de l'an de grâce 2023 (rires). » Une année exceptionnelle pour celui qui est abonné depuis un demi-siècle ! Lui aussi a connu tous les présidents post-UST : Daniel Visentin, Marcel Delsol, André Labatut, la parenthèse du duo Jacques Rubio et Bernard Decker, puis Olivier Sadran avant Damien Comolli aujourd'hui. Sans parler des nombreux entraîneurs et joueurs qu'il a croisés sur le bord des terrains d'entraînement. Tout ce qui parle du TéFéCé, Didier le collectionne, le conserve et le chérit. « Quand j'ai été en âge de me déplacer tout seul, j'allais au stade avec les bus de la SEMVAT à l'époque. Et rapidement, j'ai adhéré au club des Supporters des Violets que Jacqui Teulières avait créé en 1983, avant de devenir intendant du club. J'ai commencé à faire des déplacements pour suivre l'équipe à l'extérieur. Mon grand-père et mon père gardaient les Miroirs Sprint, des coupures de presse. Et comme Obélix dans la marmite, je suis tombé dedans et je me suis mis à tout garder. Je gardais les coupures de la Dépêche du Midi, de L'Équipe et France Football. Je me suis amusé à tout collectionner. Des fanions, des écharpes, des pin's, et j'allais à chaque fois acheter un souvenir à la boutique. Et puis comme j'allais souvent voir les entraînements, les joueurs avaient l'habitude de me voir. Ils venaient discuter avec moi et ils me donnaient souvent un maillot. »

Du pain béni pour le club qui était en manque d'archives. En 2003, il co-écrit un livre avec Jean-Louis Behro, aux éditions Universelles : « Toulouse Football Club, de 1937 à nos jours », pour rappeler d'où vient le club et profiter de la double accession des « Pitchouns de Mombaerts » de National à Ligue 2 puis de Ligue 2 à Ligue 1. Pour l'occasion, il recherche des photos de toutes les équipes depuis 1937. « Je me suis amusé à croiser avec les Miroirs Sprint de mon père. J'ai effectué des recherches de folie, parce qu'à ces époques lointaines, il n'y avait pas Wikipédia ou les recherches Google qui permettaient de retrouver des détails ou des repères. J'étais content de rendre hommage, de ce devoir de mémoire de toutes ces générations du TéFéCé. De cette manière, je me suis fait connaître des anciens joueurs ou entraîneurs qui vivaient dans la région. J'ai fait la connaissance du regretté "Justo" Fontaine. Ils organisaient des repas quatre ou cinq fois par an, et j'y étais souvent invité. Et là, j'écoutais toutes leurs anecdotes. C'est un peu comme les Tontons Flingueurs : "Tu te rappelles quand tu lui as cassé la jambe à celui-là ?", "Et la fois où on a fait le cinéma à l'arbitre pour que l'autre soit expulsé ?" Donc, j'emmagasinais un maximum d'informations en me disant "cela me servira un jour." »

Petit à petit, il gagne ses galons d'historien bénévole. Puis en 2017, pour les quatre-vingts ans de la création du club, un maillot rouge et blanc est imaginé par le service marketing du club, alors dirigé par Olivier Sadran. Ce sera le maillot extérieur porté par les joueurs en Ligue 1. « Le TéFéCé est conscient de son héritage. En 1937, les joueurs portaient un maillot blanc avec une ligne horizontale rouge. On honore les pionniers de notre club », expliquait Didier Pitorre à nos confrères de la Dépêche du Midi à l'époque. Un maillot, un de plus, qui entrera dans la collection de la mémoire du TéFéCé, qui s'enrichit chaque saison de nouvelles pièces pour continuer de préserver l'histoire. Une histoire retracée en avril 2017, à l'occasion des quatre-vingts ans du club, à travers une exposition de maillots du TéFéCé. « On avait fait une petite estrade avec des luminaires, et on a mis une cinquantaine de maillots, sans problème. J'en ai mis cinquante, mais j'aurais pu en mettre dix fois plus. Des versions manches courtes ou manches longues. Que des maillots de la Coupe de France. Que des maillots de gardiens, etc. Tout est conservé avec des antimites, classé par saisons et compétitions. Et donc, au milieu de ces maillots, il y a la réplique de la coupe de France, gagnée en 1957. » Une réplique, car l'originale a disparu. Didier Pitorre, qui s'était improvisé détective pour partir à sa recherche, avait raconté l'anecdote et le résultat de son enquête au magazine So Foot, une semaine avant cette deuxième finale du 29 avril 2023 : « Jusqu'à maintenant, le TéFéCé ne possède qu'un seul trophée : la coupe de France de 1957, remportée par Guy Roussel et ses coéquipiers. (...) Beaucoup de Toulousains ont pu la voir dans les années suivantes, non pas au siège du club, mais dans la vitrine du magasin de cartouches de chasse Tunet, derrière les arcades du Capitole, un partenaire du club à l'époque. Mais ensuite, elle disparaît. Est-elle revenue au club ? Quelqu'un l'a dérobée ? Un membre du club l'a récupérée ? Perdue dans des cartons au moment d'un déménagement du club ? Le mystère est total, et cela a nourri pas mal de fantasmes ! C'est comme s'il manquait un élément clé à notre histoire. » Pour Didier Pitorre, c'est un vrai mystère : « J'ai essayé de faire des recherches de mon côté. J'ai contacté des anciens du club, des membres des familles, des anciens dirigeants et présidents, mais rien n'est ressorti de tout cela. Je n'ai pas totalement abandonné. Un jour, peut-être qu'elle ressortira ? »

Pour les quatre-vingts ans du club en 2017, il fait une demande officielle auprès de la commission de la Coupe de France et de son président, Jean Djorkaeff, pour obtenir une réplique du trophée. Demande acceptée. La récompense trône dans le bureau présidentiel de Damien Comolli, non loin de celle de 2023, exposée à l'accueil des bureaux. Et s'il n'a pas retrouvé le vrai trophée de 1957, Didier Pitorre continue sa chasse aux souvenirs collector. Il est très fier d'avoir mis la main sur un maillot porté par un des vainqueurs de cette finale de 2023 contre Nantes, non sans difficultés : « Ce n'était pas simple, car pour cette finale, chaque joueur n'avait que deux maillots ! Et j'en avais parlé avec l'un d'entre eux sans savoir s'il allait jouer : Ado Onaiwu ! Je lui ai expliqué pourquoi. Je lui ai dit que ce sera pour marquer l'histoire du club dans un musée un jour. Il me l'avait promis, et je l'ai récupéré le soir du match par le biais de l'intendant. Il ne m'avait pas oublié. J'ai récupéré, aussi, un des brassards du capitaine Brecht Dejaegere. J'ai gardé le ticket du match comme tous les tickets des matchs du parcours. Une écharpe Nantes vs Toulouse. Tout ce qui touche à cette finale magique. » Son rêve, désormais, serait qu'un musée voie le jour au Stadium afin de laisser une trace. Un appel du pied resté sans suite auprès de l'ancienne direction, sans pour autant démoraliser Didier Pitorre, fort d'arguments qui s'entendent. « Le fait d'avoir exposé des maillots aux couleurs que certains considéraient comme improbables il y a quelques années a ouvert la curiosité d'une frange de supporters, notamment les jeunes. Et ce, même s'il n'y a pas beaucoup de titres à Toulouse, quoi qu'un peu plus désormais. Mais cela reste, avant toute chose, une aventure humaine. Une histoire, ou plutôt des histoires, autour du club depuis 1937, qui peuvent se raconter avec des souvenirs que j'ai récupérés. Ce club a toujours eu des résultats en dents de scie et il s'est toujours relevé. D'ailleurs, la signature du club aujourd'hui, "Debout. Toujours.", témoigne de cela. Les dirigeants du TéFéCé l'ont très bien compris. Il y a l'ADN du club dans tous ces rebondissements. Il y a toujours un élan de sympathie. Des histoires extraordinaires, comme cette fusion avec le Red Star ! Le dépôt de bilan avec la double rétrogradation, puis la double promotion. On a deux champions du Monde 98 qui sont passés par Toulouse : Barthez et Candela. Bref, on pourrait raconter de belles choses avec ce musée. Que tu sois cadre ou balayeur, que tu aies sept ou soixante-dix-sept ans, tu es un amoureux du club, quelle que soit ta génération. Ce serait merveilleux pour les jeunes de pouvoir pérenniser tout cela. J'en ai parlé avec le président Comolli. Je sais que ça coûte de l'argent, mais pourquoi pas ? »

L'avenir dira si le TéFéCé, en perpétuel mouvement, en constante évolution, soucieux d'asseoir son histoire et de transmettre son héritage, saura créer un lieu de partage et de transmission. Nul doute que de toutes ces reliques d'hier et d'aujourd'hui, qui appartenaient au club et incarnaient ses valeurs, sa culture, perpétuent sa légende.

Pierre Rivalland : « Mon collègue nantais s'effondrait but après but. »

Écharpe du TéFéCé et cravate violette autour du cou, mais surtout béret de la même couleur vissé sur la tête, Pierre Rivalland est devenu l'un des visages des avant-matchs des Violets au Stadium. Lorsque la nouvelle direction décide de renforcer l'identification locale avec l'installation d'un speaker à la fibre profondément occitane, proche des supporters et chargé d'amener une nouvelle ambiance dans le stade, le nom de Pierre Rivalland est très vite cité. Loin d'être inconnu dans l'environnement toulousain, ce supporter, le TéFéCé chevillé au corps, donnait de la voix avec les Indians Tolosa de 2001 à 2003, avant d'être salarié entre 2012 et 2019. Ami proche du regretté Brice Taton, il est le secrétaire général et l'un des créateurs du Forza Viola FC, le club de foot loisir des fans du TéFéCé.

Lorsqu'il accepte d'être l'hôte du Stadium en 2021, il était certainement loin d'imaginer

TOULOUSE
19
37
FOOTBALL CLUB
FINALE
29 avril 2023
FINALE
29.04.2023

– quand bien même il en rêvait sans aucun doute – se retrouver à donner de la voix au micro du Stade de France quelques années plus tard. L'opportunité existait pourtant depuis longtemps. Voilà une dizaine d'années que la FFF associe les speakers des clubs finalistes à l'animation de la finale de la Coupe de France. C'est entre la demi-finale et la finale que le club apprend à Pierre Rivalland qu'il va « monter » à Saint-Denis pour être acteur de cette finale historique pour le TéFéCé. « La FFF souhaite contextualiser l'évènement en créant un trio avec le speaker officiel, en l'occurrence, Éric Dagrant, ainsi que mon homologue de Nantes, Jean-Charles Verdalle, et moi-même. Je savais que ce protocole existait au rugby en Top 14 et je m'étais dit que la même chose était peut-être envisageable pour la Coupe de France. Naturellement, j'ai été agréablement surpris, et surtout très fier. On a créé une boucle WhatsApp pour échanger les infos sur le protocole et quelques idées. » L'homme au béret violet a donc organisé son déplacement en train à Paris dès la veille de la finale. Il voulait surtout être sur place à vingt-quatre heures du match pour éviter une mauvaise surprise. « Ça me permettait de rester concentré, dans ma bulle, même si j'aurais pu monter avec des amis ou avec des supporters. Je ne voulais pas tomber dans une euphorie merveilleuse, parce que je fais partie de cette génération de suiveurs du TéFéCé qui n'a jamais rien connu d'extraordinaire. Pour moi, c'était du jamais vu. Je suis arrivé au Stade de France à 17 heures afin de nous rencontrer et d'échanger sur nos missions respectives. Ce n'était pas clair jusqu'à cette réunion d'avant-match pour savoir si nous allions faire nous-même les buts et les remplacements de joueurs, ou si c'était le speaker de la Fédération qui s'occupait de tout ! Finalement, en discutant, on a tous convenu que c'était plus sympa si on célébrait nos propres buts, en mettant plus de personnalisation. En revanche, on laissait les changements. Et au moins sur les buts, j'ai pu célébrer et… j'ai gagné le gros lot (rires) ! »

Arrivés quelques minutes avant le coup d'envoi de la finale de la Coupe Gambardella, les deux speakers ont eu le temps de s'imprégner des lieux. À chacun son virage : pour Pierre Rivalland, direction le virage Sud, qui se remplissait tout doucement, au rythme de l'émotion qui montait au fur et à mesure que l'évènement approchait. « J'en ai encore des frissons à chaque fois que j'en reparle. Je connaissais le Stade de France en tant que spectateur. J'étais venu à deux reprises. Mais jamais je n'imaginais qu'un jour, je pourrais être là avec le TéFéCé. Je me rappelle que quand j'étais chez les Indians, on se demandait si, un jour, on allait pouvoir assister à une finale de Coupe de France de notre club, et si on allait pouvoir réussir à remplir un virage comme le veut la tradition ? J'allais avoir la réponse en face de moi. Quand je suis arrivé au bord de la pelouse, le stade était presque vide. D'ailleurs, je me suis surpris à ne pas trouver ça si grand que ça finalement. Comme un petit stade vide. Et plus les minutes passaient, plus le stade se remplissait. Et là, j'ai pris conscience que le petit, c'était moi ! J'ai vu, très vite, beaucoup de jaune, puis ce virage tout violet. L'appel avait été entendu. On a fait le job. On y est arrivé. On a réussi le pari de remplir le secteur qui nous avait été réservé. Ce virage Sud et un petit peu plus. » Les speakers des deux clubs finalistes n'avaient plus qu'à remplir leur mission : deux séquences d'animations, essentiellement consacrées à faire monter l'ambiance des Toulousains, et faire en sorte que le chant « Se Canto » soit remarquablement bien interprété. Surtout la seconde fois, juste avant l'entrée des équipes et avant la composition du TéFéCé, pendant laquelle le speaker toulousain a eu du mal à entendre la réactivité des supporters violets, car les speakers avaient été décalés vers le virage Nord des Nantais. « J'ai un peu souffert, car je n'entendais pas mon kop en train de répondre. J'entendais plus les Nantais chambrer sur les noms des joueurs. Mon travail s'est arrêté au coup d'envoi, en attendant le premier but du TéFéCé pour reprendre le micro. Je me suis assis sur le banc, au milieu des délégués et du quatrième arbitre, et j'ai savouré l'instant. »

Un instant de courte durée, puisqu'il lui a fallu se relever quelques fois en première mi-temps. Un but, puis deux, de Logan Costa. Le troisième, puis le quatrième de Dallinga. « Jamais je n'aurais imaginé un scénario pareil et je ne suis pas le seul. Quand Logan marque le premier but, j'ai eu un moment d'hésitation ! "C'est lui, vraiment qui a marqué ? Bon, ok." Et puis encore Logan, et Thijs une fois, deux fois. Et là, à 4-0 après trente-et-une minutes, je me dis "Waouh ! La soirée va être folle !", mais je n'y croyais pas. À chaque but, je monte dans les décibels. La Fédération nous avait passé des consignes sur les buts. "Allez-y mollo, soyez fairplay, ne chambrez pas trop." Finalement, tu vis un moment de fou et tu te lâches. J'ai essayé de pondérer la joie

intérieure. J'étais plus gêné pour mon collègue nantais qui s'effondrait sur son siège, but après but. Et j'étais surtout frustré à la fin du match, parce que j'avais fini mon travail. Je n'avais plus le micro, mais quelque part, avec l'émotion, j'étais content de ne pas avoir à réfléchir à ce que j'aurais dû dire. J'ai savouré. J'étais aux premières loges. Les joueurs sont passés à côté de moi pour aller chercher la coupe. J'ai vu devant moi, en haut, Brecht Dejaegere lever le trophée. Habituellement, je suis devant ma télévision et là, je suis un privilégié. J'ai pensé à Brice Taton et à mon père. Tous ces gens qui nous ont quittés et qui n'ont jamais eu la possibilité de connaître un moment aussi fort. Quand les joueurs sont descendus, je me suis rapproché du virage Sud discrètement. J'ai profité. La magie de la Coupe de France, les papelitos, le feu d'artifice et la musique qui a accompagné le show. On était chez nous. Puis voir Rasmus Nicolaisen soulever la coupe en portant le béret que je lui avais offert deux ans plus tôt (lire l'encadré)... c'était une émotion incroyable de voir ce groupe, auquel on s'était identifiés, remporter cette Coupe de France. Et de voir la joie sur les visages des Indians. J'ai vraiment profité de ma place de privilégié pour apprécier cette célébration. C'était un succès total. Là, on peut dire que nous sommes entrés au Panthéon du sport toulousain ! »

FORZA VIOLA
TOLOSA
CHOCOLATINE
TOULOUSE FOOTBALL CLUB

LE BÉRET PORTE-BONHEUR !

Intronisé speaker quelques journées après la première saison du TéFéCé de Damien Comolli en Ligue 2, Pierre Rivalland, plutôt du genre discret, a attendu la deuxième saison pour sortir l'accessoire le plus occitan de la panoplie. En novembre, à l'occasion de la venue de Sochaux, il décide de se coiffer du béret aux couleurs du club. « Je suis originaire du Gers par mon père et dans le Gers, on porte un béret. Il y a les fêtes traditionnelles, les cousinades, et on chante le "Se Canto" à la moindre occasion. Ce béret, c'est vraiment quelque chose qui fait référence à la ruralité et à notre tradition française. Je me suis dit "Tiens, un béret violet pour symboliser tout ça." C'était l'incarnation de notre territoire. »

Un béret que le président Comolli validera dès le soir de la victoire contre Sochaux (4-1), car Pierre Rivalland avait quelque peu transgressé les règles. « Je vais trahir un petit secret, mais après chaque victoire, le Président aime bien boire un coup avec ses administratifs pour partager ce succès et fédérer les troupes. Après ce match contre Sochaux, une collègue me dit, devant Damien Comolli : "Tu le portes bien, le béret !" Et le président se tourne vers moi et me dit : "Je pense que tu vas le garder longtemps !", parce qu'on avait gagné. Sinon, ç'en aurait été terminé du béret ! Mais finalement, ça matche avec la volonté du club de réimplanter le TéFéCé dans l'Occitanie, avec ses cultures et ses valeurs. Ce béret représente quelque chose en dehors de moi, et je suis très content de l'avoir amené jusqu'au Stadium ! »

Et s'il pouvait parler, le béret de la victoire de Pierre Rivalland conterait certainement cette mythique soirée du 25 avril 2022, synonyme de remontée en Ligue 1 après la victoire face à Niort. Pris d'euphorie et bien décidé à fêter cette promotion dans l'accoutrement local, Rasmus Nicolaisen a subtilisé le couvre-chef du speaker toulousain, qui sera exhibé dans le vestiaire toulousain, puis en discothèque, où les joueurs l'ont porté à tour de rôle pour fêter le retour parmi l'élite ! Le défenseur danois remettra le couvert un an plus tard, le 29 avril 2023, après la remise de la coupe de France.

CHAPITRE 11

LAURENCE ARRIBAGÉ
la fierté d'une ville

C'est la théorie de l'œuf ou de la poule. Laurence Arribagé était-elle supportrice du TéFéCé avant de graviter, personnellement et professionnellement, autour du club, ou l'inverse ? Difficile d'établir une chronologie précise, tant l'élue, originaire d'Albi, vit au rythme de l'équipe toulousaine depuis des années. Pratiquement à temps plein, depuis que ses fonctions d'adjointe au maire en charge des sports au Capitole lui permettent de poser un regard consciencieux sur les performances de toutes les équipes locales, particulièrement en verve cette saison 2022-2023. Sans être jamais bien éloignée de l'actualité des Violets, car elle partage la vie, et les moments de stress lors des matchs, de l'ancien capitaine toulousain Dominique Arribagé. Témoin privilégiée, elle mesure l'impact et le retentissement que le parcours de Philippe Montanier et ses hommes a eus dans la ville. Elle est comblée de ressentir une fierté des Toulousains pour leur équipe de foot, longtemps discrète, désormais retrouvée et affichée au grand jour. « C'est comme une relation amoureuse. Le TéFéCé s'est réinscrit dans sa ville depuis trois ans. Il y a eu du désamour, il y a eu de l'amour... Mais quand les résultats vont, tout va. On revoit des gens porter le maillot du TéFéCé sans craindre de se faire lyncher. Il y a eu la nocturne au marché Victor-Hugo entre la demi-finale et la finale, qui a été incroyable. Les résultats récents font que les Toulousains sont à nouveau amoureux de leur club. C'est une ville de rugby, et ça le restera. Mais il y en a pour tout le monde, et il y en a pour le TéFéCé. J'ai vu des commerçants mettre des affiches, des maillots, etc. Entre les deux matchs, on a vu une ville violette. Et ça fait plaisir à tout le monde. »

L'évènement au marché Victor-Hugo est peut-être le plus représentatif de la ferveur et de l'engouement populaire qui accompagnent la ville au fur et à mesure de l'épopée des Violets (voir encadré). Plus qu'un feu de paille ou un effet de mode, soutenir le TéFéCé n'est plus un tabou, mais une revendication. Les maillots se croisent en ville, les compositions d'équipes sont faites, défaites et refaites sur les terrasses des places toulousaines, où les matchs et les choix tactiques sont décortiqués avant le prochain rendez-vous au Stadium, qui vit à nouveau, depuis trois ans, des ambiances seulement vécues lors de rares sommets par le passé. « Il y a toujours eu du public pour le TéFéCé, étant dans les tribunes depuis plusieurs années. Mais c'est comme au cinéma. Si les premières personnes qui vont voir un film disent qu'il est nul, il y a peu de chances qu'il fasse des millions d'entrées. Le bouche-à-oreille fonctionne énormément à Toulouse. "On s'est régalés ! On a vu du spectacle ! Il y avait de l'ambiance, etc." Tout ça fait que ça prend, ou que ça ne prend pas. C'est pour ça que c'est aussi dépendant des résultats. Ce qu'a fait le staff autour de Philippe Montanier est plutôt exceptionnel. Avec de l'humilité, de la modestie, des tas de valeurs, le public a retrouvé l'envie d'aller supporter le TéFéCé. Ce qui s'est passé en Coupe de France, ça va marquer. »

« J'ai demandé à Philippe de ramener la Coupe. »

Par son poste et sa passion, Laurence Arribagé a fait en sorte de vivre de la Coupe de France tout ce que son agenda lui permettait. Les matchs au Stadium, bien sûr, qu'elle est habituée à suivre. Mais elle s'est aussi prise au jeu du déplacement à Annecy pour représenter la ville aux côtés de Kamel Chibli, vice-président de la région Occitanie. Un déplacement où l'habit de supportrice a vite remplacé l'écharpe tricolore et où le devoir de réserve est devenu difficile à maîtriser au vu des conditions. « C'était mon seul déplacement (hors finale), parce que le maire m'avait encouragée à aller soutenir les Violets. Donc je suis partie avec Olivier Jaubert, et c'était complètement fou... Quand les Annéciens ont égalisé, sur le but qui sera refusé, je suis sortie du stade, carrément. Parce que j'étais trop stressée. Et j'ai appelé mon mari pour qu'il me raconte le match par téléphone, alors que j'étais à Annecy ! Quand je suis revenue en tribune, j'ai vu Olivier Jaubert qui était aussi parti de la tribune officielle et qui regardait le match debout. On est vraiment passés par toutes les émotions. Je sortais, je rentrais, je sortais... Je me demandais ce qui s'était passé. Et j'ai fini par réaliser qu'Annecy avait marqué un but magnifique, mais qu'il avait été refusé. Je faisais les mille pas, c'était surréaliste. On s'est regardés plusieurs fois pendant le match avec Kamel Chibli en se disant "Bon, on est venus jusqu'ici, mais on est d'accord que ce n'est pas terrible et que ce n'est pas gagné ?" L'ambiance était électrique parce qu'Annecy avait tout autant envie de cette finale que nous. Alors on n'a pas du tout fait la fête, parce qu'il fallait repartir le lendemain. Mais à titre personnel, c'était peut-être le très, très grand moment de cette Coupe de France. Le fait de gagner dans le money time décuple les émotions, quand bien même ce n'était pas le plus grand match de la saison, voire le pire... »

Mais qu'importe le flacon, pourvu qu'on ait l'ivresse. Toulouse est en finale de la plus populaire des compétitions nationales, et cela fait une vie que ce parfum n'avait plus été senti dans la Ville rose. Trois semaines d'attente, ensuite. Trois semaines d'excitation, de spéculation, de course frénétique aux billets, de logistique, de scénarios, et de rêves. Mais une finale ne se gagne pas à onze, ni à vingt. Une finale ne se gagne pas sur quatre-vingt-dix minutes. Une finale se gagne à 498 003 habitants, trois semaines avant la grande représentation. Pendant vingt-trois jours, Toulouse vit avec une seule obsession : montrer à son équipe, son entraîneur, ses joueurs, ce que représente la Coupe de France. Et leur faire comprendre qu'ils ont une opportunité unique d'inscrire leurs noms dans le livre d'or du Capitole. La nocturne de Victor-Hugo s'inscrit dans cette volonté, et comme chaque geste compte pour témoigner du soutien local aux Violets, l'adjointe au maire y est allée de ses encouragements amicaux avant la finale. « J'ai envoyé un petit SMS à Philippe avant le match. On se connaît bien, nous sommes amis. Je lui ai dit "Merde ! S'il te plaît, fais-le, il faut que tu la ramènes à la maison" à titre très amical. Mais Philippe est toujours d'humeur égale, c'est sa force. Il ne laisse rien transparaître. Donc c'était un petit mot de soutien. »

L'histoire ne dit pas si c'est de ce SMS qu'est venu le mantra « Ramener la coupe au Capitole », martelé par Philippe Montanier comme une propagande soviétique, et utilisé en conclusion de sa causerie avant la finale. Mais le fait est que le message a été entendu par chacun des joueurs et relayé par tous les supporters toulousains venus au Stade de France pour répondre à l'enjeu, dans ce périple qui avait des airs de mission. « C'est beaucoup d'excitation de partir au Stade de France pour une finale de Coupe de France. Je ne l'avais jamais vécu, ni en tant que supportrice, ni en tant que femme de joueur à l'époque. J'ai été touchée de voir autant de jeunes qui ont fait le déplacement, il y avait une liesse énorme. Quand j'ai vu tout ce stade violet, c'était énormément de fierté. Dès que je croisais un maillot toulousain à Paris puis au Stade de France, je ressentais beaucoup d'émotion. C'était assez inédit et exceptionnel, j'ai essayé d'en savourer chaque minute. J'étais avec le maire et des collègues, on était excités comme des enfants, on voulait ramener la coupe à la maison ! »

« Pas envie de chambrer Pascal Praud. »

Avant même de commencer sur le terrain, le match était déjà lancé en tribune présidentielle. Si l'affiche offrait une opposition équilibrée, le FC Nantes était tenant du titre, rompu à l'exercice et habitué des titres. Toulouse faisait office de petit Poucet, alors l'exercice de déstabilisation commence, avec toute la courtoisie nécessaire, dans les loges avant la rencontre. « J'ai croisé beaucoup de monde avant le match qui me disait : “On vous aime beaucoup Laurence, mais ça ne va pas être facile, la coupe va revenir à Nantes, on va la garder, vous n’êtes pas favoris…” »

Un petit jeu à la nantaise dont s’est délecté Laurence Arribagé au fur et à mesure de l’enchaînement de buts. D’abord le premier, puis le deuxième, le troisième, et enfin le quatrième. « Ce n’est que du bonheur d’avoir plié le match à la mi-temps. Ça a permis de redescendre d’un étage au niveau du stress. Je voyais le visage des Nantais, de la maire de Nantes, de gens que je connaissais, c’était la soupe à la grimace. Je revois encore la tête de Pascal Praud à la mi-temps… Lui qui connaît le foot, ça ne donnait pas envie de le chambrer. J’étais prudente, mais je voyais bien que ça sentait bon pour nous. Bon, j’ai quand même stressé jusqu’au coup de sifflet final. Parce que mon fils joue au tennis, et je l’ai vu retourner des matchs alors que tout semblait perdu. Donc je sais que ça peut être pareil au foot. Je me suis dit que Nantes n’était pas venu en première mi-temps, mais qu’ils ont dû se faire retourner la tête dans le vestiaire et que si on a mis quatre buts, ils pouvaient aussi le faire. Après tout, ils n’avaient plus rien à perdre. Je ne me suis pas dit que c’était gagné, mais je me suis demandé comment c’était possible d’avoir autant d’avance à la mi-temps. Comment pouvait-on autant étouffer les Nantais, alors que personne ne nous donnait favoris… »

Un sentiment partagé par beaucoup de supporters, peut-être marqués par un certain passé où le TéFéCé a fait preuve de ressources insoupçonnées et d’un certain brio dans l’art de se saborder. Mais ce temps est révolu. Porté par un goût du jeu à la toulousaine et une envie de victoire incarnée par Damien Comolli, transmise par Philippe Montanier et communiquée par Brecht Dejaegere, Branco van den Boomen, Rasmus Nicolaisen ou encore Stijn Spierings, le Toulouse Football Club sait désormais gagner. La seconde période ne renverse pas le sens du match et finit d’enterrer l’assurance nantaise. Elle offre à toute une ville un élan de fierté inédit, qui marquera l’histoire de Toulouse et de son équipe. Une de ces nuits que l’on n’oublie jamais vraiment, et qui se racontera toujours avec une passion intacte. « Au coup de sifflet final, j’ai ressenti beaucoup de fierté d’être Toulousaine, et beaucoup d’émotion en tant qu’élue aux sports, quand je vois la saison sportive que les Toulousains ont vécue. Non seulement avec le TéFéCé, mais également avec le Stade Toulousain, le Fenix Handball, les Spacers au volley, et la natation, avec les titres mondiaux de Léon Marchand. Je suis consciente que c’était une page d’histoire qui venait de s’écrire. »

Pour la deuxième fois en deux ans, la salle des Illustres s’ouvre à Philippe Montanier et ses joueurs pour permettre au capitaine Brecht Dejaegere de présenter un trophée aux Toulousains. Plus de dix-huit mille supporters sont venus les célébrer sur une place du Capitole violette de monde, jauge maximale atteinte. Une première en l’honneur des Violets. « Lors de la présentation du trophée au Capitole, je me dis : “Essaye de profiter de ce moment, parce qu’on est habitués aux présentations du Stade Toulousain, mais là, c'est un moment historique." Autant de monde sur la place du Capitole pour le foot, c'est assez rare pour ne pas se dire que c'était historique et exceptionnel. Et ça m'a très vite donné envie d'en vivre d'autres. Comme élue, mais surtout comme supportrice. On a quand même fait le doublé Coupe de France- op 14 ! C'est très rare, on n'est que la deuxième ville à le faire (après Paris en 2015), et ça, c'est une vraie fierté ! On se l'est dit avec le maire, c'était une saison de fou. »

LA NOCTURNE DU MARCHÉ VICTOR-HUGO, LE POULS D'UNE FERVEUR

À l'heure où les beaux jours se font ressentir à Toulouse, les marchés de la ville se relaient pour organiser des « Nocturnes » autour de ces lieux de vie et de gastronomie. L'espace d'une soirée, les commerçants restent ouverts pour proposer leurs produits et installer des bodegas dans une ambiance populaire, festive et musicale jusqu'à la nuit tombée. Après la qualification du TéFéCé en finale de Coupe de France, la nocturne prévue au marché Victor-Hugo, organisée dix jours avant la finale, a été exceptionnellement thématisée autour du TéFéCé. En collaboration avec le club, plusieurs joueurs (Branco van den Boomen, Anthony Rouault, Rafael Ratão et Gabriel Suazo) se sont rendus disponibles pour rencontrer les supporters et prendre le pouls d'une ville acquise à la cause des Violets et impatiente de vivre la finale. Le marché s'est paré de violet et les Toulousains étaient invités à adopter un code vestimentaire de circonstance en enfilant un maillot toulousain. Un engouement total, une opération réussie. Et le meilleur moyen, surtout, de témoigner d'un réel soutien populaire de la Ville rose aux joueurs. Preuve que l'attente et la passion autour de la finale étaient bien l'affaire de toute une ville, prête à répondre au rendez-vous derrière les Violets.

CHAPITRE 12

LE TFC BANKABLE AVEC SÉBASTIEN DUHAMEL (directeur marketing et communication digitale)

Le changement n'est certainement pas une coïncidence. Depuis son arrivée en janvier 2021 au poste de directeur marketing et communication digitale du TéFéCé, Sébastien Duhamel a œuvré pour participer aux succès du club. Et s'il est bien peu complice des résultats sportifs, il n'est pas étranger à l'image nouvelle du TéFéCé, ni au retour grandissant des supporters au Stadium. Dépositaire et garant d'une stratégie développée pour rendre à nouveau désirables le club et son enceinte, il a la responsabilité d'appliquer une formule audacieuse, adoptée par RedBird Capital Partners et Olivier Jaubert, qui tient en trois mots. Le TéFéCé doit être innovant, authent que et cool ! « Parce que sur les dix dernières années avant le rachat de RedBird, le TéFéCé était to t sauf cool ! C'était un club sur un faux plat descendant jusqu'à la relégation en Ligue 2, donc il a fallu recréer de la "coolness" autour du club. Et c'est quelque chose dont on ne parle jamais. Celui qui dit qu'il est cool, en règle générale, il ne l'est pas. Quand quelqu'un dit qu'il est cool, il y a peu de chance qu'il le soit. Donc nous sommes partis sur une recette très simple qui tient sur trois piliers : l'innovation, d'abord, précise Sébastien Duhamel. Comment arrive-t-on à être un club qui sort des sentiers battus et qui propose des choses différentes des autres clubs. Le deuxième sujet, c'est comment est-ce qu'on arrive à être funs ? C'est du football, ok, il y a beaucoup d'argent, beaucoup d'enjeux, mais on ne sauve pas des vies, et dans le contexte dans lequel on vit en ce moment, assumons d'avoir un ton qui est léger. Et troisième point, qui est le plus important pour nous, c'est l'authenticité. Parce que nous sommes conscients que la relation entre chaque supporter et son club, c'est une relation qui est personnelle et qui est construite sur des souvenirs, des émotions. Et nous, on est assis sur la somme de toutes ces histoires-là, qui représentent un héritage. Ce qui veut dire que l'on ne peut pas faire n'importe quoi. Il y a un ADN autour du club et il faut que l'on colle à ça. Et donc, innovation, fun et authenticité. C'est ce que l'on cherche à faire à chaque fois que l'on met en place des projets de communication. C'est typiquement ce que l'on fait sur les campagnes de matchs où on est sur la brique "fun". On assume d'y aller à fond. On se doit de toucher le plus largement possible avec des panneaux d'affichage dans la ville où les gens allouent un quart de seconde de leur cerveau au message. C'est pour cela que l'on doit être très punchy. »

Toucher tous les publics possibles, mais accompagner le rajeunissement des tribunes. En trois saisons, marquées par un titre de champion de France de Ligue 2 et une Coupe de France remportée, le public du Stadium a perdu douze ans de moyenne d'âge ! Les supports de communication témoignent de cette marche vers le rajeunissement : les logos des comptes Facebook, X (anciennement Twitter), YouTube et LinkedIn présents dans les signatures de mails ou en pied de newsletters ont été rejoints par ceux d'Instagram et de TikTok. Le TéFéCé revendique désormais avoir le stade à la moyenne d'âge la plus jeune de France au terme de la saison 2022-2023. Un aboutissement, pour former les supporters et l'ambiance de demain, et une récompense pour le travail accompli, en ayant su profiter d'un faux départ à l'aube de la première saison en Ligue 2, qui a vu la campagne d'abonnement être stoppée par la pandémie du Covid-19. « *A posteriori*, un faux départ, mais une belle opportunité, relativise Sébastien Duhamel. Il fallait repartir de zéro. Le plus gros sujet sur lequel il fallait qu'on travaille, c'était la plateforme de marque. Qu'est-ce que c'est, le club ? Quel est son positionnement ? Quelles sont ses valeurs ? Quels sont les messages que l'on veut exprimer ? Comment veut-on raconter tout ça ? Il a fallu repositionner tout ça. En gros, redonner une raison d'y croire aux gens. Le fait d'avoir eu le stade vide nous a permis de nous focaliser sur le projet structurant très rapidement. Si on avait eu des matchs à gérer avec l'accueil du public toutes les deux semaines, avec tout ce que cela implique en termes de logistique et d'organisation, cela aurait été plus difficile de mener les deux de front. On l'aurait fait, mais cela aurait pris beaucoup plus de temps. Finalement, le Covid nous a fait

SAMEDI 20 NOV. À 15H00
PLACES DÈS 5€
TOULOUSE
PAS UNE VILLE
DE FOOT ?
TOULOUSE
FOOTBALL CLUB
FCSM
LA MONTÉE SE JOUE DÈS MAINTENANT
TOUS AU STADIUM
DARRIÈR AQUESTAS COLORS: UNA VILA, UNA ISTÒRIA, NÒSTRE ONOR

gagner un an. La plateforme de marque est née en quatre mois ! »

« Toulouse, une ville de foot ? On a la réponse. »

Tout ce qui est préparé se met en place dès le retour du public. La reconquête commence par le ré-ancrage progressif du club dans la ville, avant de s'étendre à toute l'Occitanie, grâce à des campagnes de communication qui ne passent pas inaperçu. À l'image de celle lancée sur les panneaux publicitaires de la ville avant la réception de Sochaux en novembre 2021, volontairement provocatrice : « Toulouse, pas une ville de foot ? » « On voulait "piquer" un peu ceux qui aiment le foot, leur ville et le TéFéCé, sur un ton décalé, expliquait Sébastien Duhamel dans La Dépêche du Midi. En clair, on leur lance : "Venez prouver que Toulouse est une ville de foot." Et ça a plutôt bien fonctionné, puisque nous attendions quinze mille spectateurs, ce qui représentait cinq mille personnes de plus que notre meilleure affluence cette saison. L'enjeu sportif de ce match était intéressant, puisque le TéFéCé était en tête de la Ligue 2, et recevait Sochaux, troisième, un club historique. L'intérêt est monté pour une équipe qui proposait un beau spectacle. Le Stadium était l'enceinte où l'on voyait le plus de buts en France, Ligue 1 et Ligue 2 confondus : 3,8 buts en moyenne. »

Opération réussie, puisque le TéFéCé a enregistré sa plus grosse affluence de la saison. Quinze mille supporters récompensés

par une victoire quatre buts à un, d'un quadruplé signé Rhys Healey ! Le directeur marketing et communication du TéFéCé savoure encore, avec un peu de recul, ce côté provocateur : « On nous a toujours dit, depuis qu'on a repris le club, que Toulouse était une ville de rugby. Ben non ! D'ailleurs, ce sont souvent ceux qui habitent en dehors de Toulouse qui disent cela. Ce message était volontairement provoc', mais on voulait aller chercher le plus grand nombre de supporters. D'ailleurs, on a reçu un écho extrêmement positif à l'époque auprès de la communauté du Tèf et auprès des groupes de supporters. Je me rappelle avoir eu des échanges avec les Indians sur le sujet, et ils étaient ravis que l'on soit allés sur ce terrain-là. Et deux ans après, on a quand même la réponse à la question que l'on posait. »

Les opérations séduction s'enchaînent. Début février 2022, Dijon débarque au Stadium et l'équipe marketing du TéFéCé en profite pour lancer « l'activation moutarde », en référence au condiment phare de la ville bourguignonne. Le club distribue plus de deux mille pots de moutarde à la violette en ville. Sur chaque petit pot figure un QR Code qu'il faut scanner pour avoir la chance de tomber sur le « golden pot de moutarde », avec un gros lot à la clé : un abonnement à vie au TéFéCé ! Les lieux de la distribution sont tenus secrets jusqu'au dernier moment. Pour les découvrir, il faut se rendre sur les réseaux sociaux du club. Une action choisie pour mettre un coup de projecteur sur un match a priori moins intéressant pour le grand public. « C'était encore un objectif de reconnexion à la ville. On a monté cette opération en trois jours. C'était méga cool, mais un vrai guet-apens pour les équipes (il se marre). Je me suis excusé après coup, car ce n'était pas évident du tout pour les gars. On était en pleine pénurie de graines de moutarde au niveau mondial. Et j'ai trouvé un petit producteur local, “La Maison de la violette” à Toulouse. Je me dis que c'est encore mieux ! On coche les deux cases avec une moutarde à la violette. L'histoire est cousue de fil blanc. On fait la distribution en ville et dans certains centres commerciaux de la périphérie. Bon, rétrospectivement, on s'est un peu enflammés avec l'abonnement à vie offert pour l'occasion, mais bon... »

Toujours en Ligue 2, le TéFéCé assume sa légèreté de ton pour attirer et faire venir du monde au Stadium. À l'approche du match face au Paris FC, l'équipe marketing cible la fibre chauvine avec une touche d'humour et un côté moqueur envers la capitale : « Ici, c'est chocolatine. » Un slogan choc déployé en campagne d'affichage, en spots radio, en presse écrite et digitale pour mobiliser le public avant la venue des Parisiens, dauphins des Violets à cette époque. « Nous avons joué sur le sentiment de fierté et d'appartenance qui parle aux Toulousains, au-delà des supporters de foot uniquement. Un engouement

exceptionnel et inédit s'est opéré autour de cette rencontre. Nous voulions organiser une belle fête du foot à Toulouse, donc remplir le Stadium. C'était un slogan qui permettait de mettre, de manière fun, la lumière sur un match pour lequel l'enjeu sportif n'était plus à prouver », expliquait Sébastien Duhamel chez Sport Buzz Business. Pour un record de la saison, pulvérisant largement la meilleure affluence précédente, avec plus de vingt-huit-mille spectateurs venus assister à la victoire deux buts à un dans une ambiance extraordinaire.

« Le retour en Ligue 1, c'est la Champions League pour nous ! »

Le retour en Ligue 1 va être marqué par une campagne d'abonnement sans précédent, puisque pour la première fois de l'histoire du TéFéCé, treize mille supporters s'engagent à soutenir les Violets toute la saison sur l'île du Ramiers, pulvérisant le précédent record d'abonnements du club. Pour célébrer le cap symbolique des dix mille abonnés, le service marketing et communication, décidément jamais à court d'idées, lance une opération inédite en organisant une chasse au trésor grandeur nature dans toute la ville : le « TéFéCé 10k Pass ». « On a remporté trois Awards de la communication avec cette activation, donc nous en sommes très fiers. C'est une des grandes réussites de la saison passée. Surtout qu'on l'a montée en dix jours, avec des bouts de ficelle. C'est un peu notre marque de fabrique d'être réactifs et créatifs avec des budgets qui sont limités. L'idée vient du fait qu'on s'est rendu compte que la campagne d'abonnements démarrait très fort, bien au-delà de ce qu'on pouvait imaginer. On monte en Ligue 1, ok. On se rend compte qu'il y a un bel engouement, ok. Mais dix mille abonnés alors que le record du club était jusque-là de sept mille, ça dit quelque chose ! Donc on se dit qu'il faut absolument qu'on marque le coup, parce que c'est historique. L'objectif, c'était de mettre en place une activation juste avant le début du championnat. On bosse avec notre agence de communication, Verywell. C'est une agence toulousaine qui nous accompagne sur pas mal d'opérations toute la saison. Et ils arrivent avec ce concept de chasse au trésor. Un concept que toute l'équipe trouve plutôt cool. Bon, après, on est tous supporters du Tèf, ça facilite les choses aussi. Ça a été un succès phénoménal pendant trois jours, avec des centaines de personnes qui se baladaient dans les rues à la recherche des indices pour trouver une clé qui permettait d'ouvrir une boîte aux lettres contenant le fameux pass, qui donnait accès à tous les cadeaux à gagner : un abonnement, un maillot, un entraînement privatif, un "full access" pour un match et la rencontre avec les joueurs. On donnait des indices sur

l'emplacement de la clé sur les réseaux sociaux, mais également sur les tickets de caisse de la boutique du Stadium. Sans le savoir, à chaque fois que les gens achetaient un produit à la boutique, ils avaient la géolocalisation de la fameuse boîte aux lettres. On avait truffé la ville d'indices. Il y a eu de la sueur, aussi. À un moment, on a cru que les gens n'y arriveraient pas. Finalement, un supporter a été assez résiliant et a trouvé la boîte aux lettres et la clé, ce qui colle vraiment à l'image du TéFéCé. Il a fallu souffrir pour y arriver, mais il y est arrivé. Le retour en Ligue 1 pour nous, professionnellement, c'est la Champions League ! »

Un engouement qui convaincra l'équipe de réitérer l'opération face au succès de la campagne d'abonnements 2023-2024 qui a dépassé les dix-sept mille abonnements. Le « TéFéCé 17k Pass », inspiré du jeu de société « Mastermind », a une nouvelle fois mobilisé les Toulousains pour partir à la conquête de deux cartes cette fois-ci, aux gains toujours plus prestigieux (deux abonnements, tous les maillots de la saison, présence sur la photo officielle de l'équipe).

Avant ça, c'est avec une autre campagne de communication qui avait fait parler de Sébastien Duhamel et ses équipes en 2023. Ils ont sorti, contre toute attente et pour le plus grand plaisir des Toulousains, un maillot rouge et noir, en hommage... au Stade Toulousain. Une idée partie d'une farce pour le 1er avril, qui a été développée jusqu'au bout, bien au-delà de ce qui avait été imaginé initialement : « Le 1er avril tombait un samedi en 2023. Le jeudi, on se parle pour se demander ce qu'on fait comme communication, puisqu'on sait que ça colle à notre tonalité. On n'avait pas un temps fou à allouer à ce sujet-là. C'est Vincent Delzescaux, que j'ai au téléphone, qui me parle de cette idée de maillot ! Et cette histoire a fonctionné parce que le maillot "RED" était ultra authentique dans ce qu'il racontait. Au moment où l'on sort ce poisson d'avril, le Stade Toulousain est sur le devant de la scène, donc ça donne du sens parce depuis deux ans, les relations visibles entre les deux clubs font que l'on pousse dans le même sens avec des opérations de communication croisées. On fait des choses ensemble. On n'invente rien et le design du maillot, réalisé par l'équipementier Craft Sportswear, est crédible dans la mesure où il reprend la skyline de Toulouse présente sur notre vrai maillot extérieur. On prépare tout comme si c'était une vraie campagne de lancement de maillot : visuels réalisés par un graphiste, article, beauties... Il fallait être extrémistes dans le mimétisme pour être crédibles. Mais ce quatrième maillot ne va exister que quelque temps sur les réseaux sociaux. Avant que ça s'emballe, comme souvent chez nous... »

Car sur les réseaux, c'est un succès retentissant. Certains ont flairé l'entourloupe, d'autres sont tombés dans le panneau. Mais la très grande majorité des supporters sont unanimes et bien décidés à faire du lobbying pour que ce maillot voie le jour. Face à l'engouement, le club se voit obligé de prendre la demande en considération. Le défi est lancé : si le post du TéFéCé publié sur son compte Twitter (désormais X) atteint les trois mille cent retweets, le club contacte l'équipementier pour partir en production. Un défi suffisamment élevé pour évaluer la tendance et préparer un plan de bataille, sans être inaccessible pour autant. À l'impossible, les Toulousains ne sont tenus. Le nombre de repartages est dépassé, pour une publication qui atteint les deux millions d'impressions.

En mai, dans des délais records, le maillot est commercialisé. Les Pitchouns Anthony Rouault et Guillaume Restes, ainsi que le Franco-Australien Denis Genreau, se prennent au jeu du shooting photo équipés comme des rugbymen pour aller au bout d'une histoire nommée « TéFéCé is Red », en soutien et en hommage à la campagne de communication menée par le Stade Toulousain, « Toulouse is Red », dans le cadre de son parcours en Coupe d'Europe de rugby. Comme il est parfois question de business, inutile de préciser que le maillot s'est vendu comme des petites chocolatines, preuve de l'aspect authentique, innovant et cool de l'idée. Preuve, également, que les relations sont au beau fixe entre les deux clubs phares de la Ville rose, les Stadistes s'étaient échauffés avec des t-shirts violets la veille de leur demi-finale face au Leinster, fin avril, en soutien au TéFéCé qui s'apprêtait à affronter Nantes en finale de Coupe de France le lendemain. Un mois plus tard, fin mai, c'était au tour des Violets de s'échauffer avec leur nouveau maillot rouge et noir, floqué du logo du Stade Toulousain, avant le match face à Monaco, pour encourager les Stadistes avant leur demi-finale de Top 14 quelques jours plus tard. Une tunique que l'on retrouvera sur les épaules de plusieurs rugbymen le lendemain de leur titre de champion de France de Top 14. Dire que ça ne devait être qu'un poisson d'avril…

« Sublimer ce qu'il se passe sur le terrain. »

Contre toute attente, c'est peut-être le parcours du TéFéCé en Coupe de France qui va nécessiter le moins de communication. Le Toulouse Football Club hérite de clubs au moins à sa portée au fur et à mesure des tours, tant et si bien qu'au niveau de la communication, c'est le calme plat. La réception de Reims, en huitième de finale, va quelque peu changer la donne. Pas tant par le niveau de l'équipe champenoise, qui propose un des footballs les plus décomplexés de l'échiquier hexagonal, que par la gouaille de son entraîneur qui a promis de fracasser Toulouse et de rentrer à la maison… en quelque sorte. Il n'en fallait pas plus au service de Sébastien Duhamel pour répondre, après la victoire toulousaine, de façon humoristique sur les réseaux sociaux du club, avec la vidéo de ce skipper siglé du logo du TéFéCé, qui « fracasse » une bouteille de champagne estampillée avec le logo du Stade de Reims pour baptiser son bateau. Et la légende suivante d'accompagner le geste : « Fracasser, verbe transitif. Briser quelque chose avec violence et grand bruit. Exemple : La bouteille s'est fracassée sur le bateau. » Une sortie dont il fallait se servir pour coller à la stratégie de communication, qui repose sur la dissociation entre les résultats sportifs et le ton employé, assume Sébastien Duhamel. Mais le sujet a grandement fait débat en interne, dans la mesure où le TéFéCé affrontait de nouveau Reims trois semaines plus tard, en championnat. Ce qui témoigne de l'épaisseur toute relative de la frontière entre la communication, aussi disruptive et assumée soit-elle, et le terrain : « Nous, on a pris cela comme un clin d'œil. C'était du huitième degré. C'est une petite tape dans la nuque pour rigoler, d'ailleurs les supporters rémois ont été unanimes pour dire "Bien fait pour nous. C'est mérité. On l'a cherché." »

Vient ensuite le derby face à Rodez, un club voisin avec lequel le TéFéCé assume sa proximité (lors de la montée du RAF en Ligue 2 en 2019, les Aveyronnais ont commencé la saison en jouant plusieurs matchs au Stadium, prêté par la municipalité et le TéFéCé, en attendant la rénovation de leur stade Paul-Lignon). Pour leur joute en quart de finale de Coupe de France, l'enjeu et les tarifs avantageux proposés par les Toulousains suffisaient à faire venir du monde au Stadium, même à un horaire à en dégoûter plus d'un (mercredi 1er mars à 18h45). Résultat, le Stadium était comble. L'ambiance était festive, et le scénario idoine pour les Violets. C'est à partir de la demi-finale, face à Annecy, que la campagne de communication pour la Coupe de France a vraiment pris un tournant. « Le dispositif spécial Coupe de France, il est mis en place avec ce déplacement en Haute-Savoie. On a des journalistes dans les bus des supporters.

Tous les joueurs du Stade Toulousain supporters du TFC avant la finale !

Et le dispositif autour du match est renforcé. Car en réalité, il n'y avait que sept cent cinquante places de disponibles dans le parcage visiteurs au Parc des Sports d'Annecy. Naturellement, il y avait un peu de frustration chez les supporters. Donc il nous fallait proposer quelque chose à ceux qui n'allaient pas pouvoir se déplacer. On a mis en place l'opération "La demie au bar" à Toulouse, accompagnée par une vingtaine de bars partenaires dans la ville. On a distribué des kits de décoration aux couleurs du TéFéCé, on a fait du porte-à-porte, on a directement appelé les bars. Ils sont une vingtaine à avoir répondu présents. Des établissements dans lesquels on a fait beaucoup de contenus sur les réseaux sociaux avant, pendant et après le match pour jouer le jeu avec eux. Puis on avait prévu une vidéo, sortie juste après la qualification, dans l'esprit de "Debout. Toujours." qui nous permettait de prendre la parole et de se projeter sur la finale, et qui faisait écho aux propos de Damien Comolli : "On s'en fout de Paris. On ne va pas à Paris pour le Stade de France. On ne va pas à Paris pour faire du tourisme. Il n'y a qu'un truc qui nous intéresse, c'est de gagner la Coupe de France." Donc on a travaillé sur un contenu vidéo basé sur le discours d'Al Pacino dans "L'Enfer du dimanche", qui raconte que l'histoire ne se réécrit pas et que pour écrire la nôtre, avec la fin que l'on souhaite, on a besoin de tout le monde.

On était exactement là-dedans. C'est "Debout. Toujours." raconté différemment pour projeter toute la communauté sur le seul truc qui compte, c'est la gagner ! »

« Parce qu'on sait que quand on ajoutera tous ces centimètres, c'est ça qui fera cette putain de différence entre gagner et perdre ! »

Si Damien Comolli évoquait précédemment l'investissement déployé pour ne rien laisser au hasard en finale, il en a été de même auprès des équipes administratives non sportives. Tout a été mis en place pour que l'objectif soit atteint, et que l'ensemble du club soit conditionné pour la victoire. Des équipes étaient prévues partout : dans les bus, dans les trains, au Capitole, à l'hôtel des joueurs et au Stade de France. Une incroyable énergie pour faire vivre cet évènement de l'intérieur. Tout a été calculé et anticipé pour raconter l'histoire d'un évènement hors du commun pour les supporters et ceux qui voulaient le partager, mobilisant une dizaine de forces vives.[3] « Il y a eu deux sujets en termes de communication. D'abord, tout le plan autour de la billetterie qui a été un énorme sujet. On se dit qu'on s'en n'est pas trop mal sortis, même s'il y a eu certaines galères. Mais ça nous a demandé une énergie folle pour apporter un maximum de réponses sur tout le process de billetterie et tout ce qu'il fallait organiser à côté en matière de déplacement en voiture, en bus ou en train. Ce n'est pas le truc le plus visible. Ce n'est pas le truc le plus cool, mais c'est une vraie fierté d'y être arrivés avec toutes les équipes. Et c'est dans ces moments-là que l'on montre à la communauté du Tèf que nous sommes un club qui tient à ses supporters, et que ça renforce le lien entre nous. »

Le deuxième sujet était relatif à la prise de parole du club à l'issue du match, forcément dépendante du résultat. Comment communiquer en cas de victoire ? Quid d'une défaite ? Les scénarii ont demandé une anticipation accrue pour ne pas se tromper sur la tonalité et l'impact des messages en fonction du résultat, déployés dès le coup de sifflet final. Le plan média mis en place par Sébastien Duhamel et ses équipes, qui offrait de la visibilité dans les gares pour accompagner le retour des médias et des supporters, faisait partie de ces scénarii. « On avait anticipé différents messages en fonction d'une victoire ou d'une défaite, en gare Montparnasse et à Toulouse Matabiau. Tout a été mis en place à minuit pour que les premières personnes qui passaient par là puissent être impactées par les messages, qui étaient en cohérence avec les t-shirts portés par les joueurs sur la pelouse du Stade de France. "Vainqueurs, il va falloir vous y habituer !", "Notre fierté, on l'affiche partout !" Après, nous, on est là pour sublimer ce qui se passe sur le terrain et il est évident qu'on a eu de la belle matière de la part des joueurs ce soir-là. Quand un club gagne 5-1 en finale de Coupe de France, on ne peut sortir que de la belle matière. »

---

3. L'équipe de la cellule Communication-Marketing du TéFéCé :
Sébastien Duhamel, directeur marketing et communication digitale, Martin Truchot, responsable communication, Rémi Denjean, Social Media Manager, Vincent Delzescaux, Brand Content Manager, Marion Pelissou, chargée de communication, Pierre Jaussan, Brand Content Expert, Paul Soulié, photographe et Brand Content Creator, Margaux Lissarre, cheffe de projet digital, Maxime Sinquin, attaché de presse, Mila Ivanjine, chargée de projet digital

« Le travail de la com' ? C'est la clé. »

L'ancien capitaine Brecht Dejaegere a suivi avec attention et intérêt l'évolution de la communication du club depuis son arrivée, au début du projet mis en place par Damien Comolli. Conscient qu'un club professionnel de la dimension du TéFéCé ne peut réussir en ne s'en tenant qu'aux qualités et aux bons résultats de son équipe professionnelle, sa quête de performance et d'excellence dépasse les frontières du terrain. Il félicite ainsi un principe vertueux entre un service qui met tout en œuvre pour que les supporters viennent au stade encourager une équipe dont ils se sentent proches, afin que les joueurs donnent en retour, à ces mêmes supporters, l'envie de s'attacher, s'identifier et revenir les soutenir. Et quand le capitaine Brecht Dejaegere rend hommage à ce travail, cela renforce la qualité du travail effectué ! « Peut-être que vous-mêmes, vous ne réalisez pas ça. Mais j'ai des potes, de la famille, etc. qui m'envoyaient ce que vous faisiez, et me disaient : "On vit avec vous. " Vous effectuez un travail magnifique. Si vous n'aviez pas fait tout ça, je pense que beaucoup moins de gens nous auraient suivis et auraient été derrière nous. Vous avez joué un rôle hyper important parce que grâce à vous, il y a presque toujours eu vingt-cinq mille personnes au stade. Et quand il y avait autant de monde au Stadium, cela nous donnait une force incroyable quand on rentrait sur le terrain, par rapport aux dix ou onze mille des premières années. » Des propos que découvre Sébastien Duhamel au moment de notre entretien. « C'est très touchant et ultra flatteur, ça me procure de l'émotion. Un joueur qui dit ça et qui parle de la sorte du département communication de son club, c'est rare. Après, des Brecht Dejaegere, il n'y en a pas beaucoup, des mecs comme lui. Les valeurs qu'il incarne sont exceptionnelles. Mais je pense que ça traduit aussi finalement la culture qui a été mise en place au TéFéCé depuis trois ans. C'est un boulot qui est fait à tous les étages et qui a été impulsé par Damien Comolli et Olivier Jaubert, de créer cette culture club, cette culture famille où chacun amène sa pierre à l'édifice. Et évidemment, ça part du terrain, mais à côté de cela, chacun joue son rôle et je pense qu'il y a un lien très fort qui s'est créé entre toutes les personnes du club. »

MALARDEAU
RMC

CONCLUSION

Alberto « Beto » Márcico : « J'aurais aimé jouer cette finale ! »

« Qu'est-ce que j'ai vibré ! J'étais tellement heureux devant ma télévision, dans mon restaurant à Buenos Aires. Sur les murs, on avait affiché les drapeaux du TéFéCé, des écharpes aussi. Et on a bien fêté cette consécration, croyez-moi… On a arrosé la victoire avec des bières et du champagne.

On était avec des copains toulousains ce soir-là. On a profité de ce moment extraordinaire avec cette équipe du TéFéCé terriblement supérieure à Nantes. Je n'ai pas été surpris par la performance, j'étais assez confiant avant cette finale. Parce que j'avais vu l'équipe jouer plusieurs fois dans la saison et je l'avais trouvée bien en place et ambitieuse dans son jeu. C'est surtout la manière qui m'a impressionné. Le résultat et le scénario sont surprenants, je m'attendais à un match un peu plus serré. Mais quand tu mènes 4-0 après trente minutes, c'est que tu es costaud.

J'ai connu de belles choses à Toulouse. Tout le monde se souvient de la Coupe d'Europe contre le Naples de Diego Maradona. C'était la première fois que le club jouait la Coupe d'Europe. On a éliminé l'équipe du meilleur joueur du monde, qui venait de gagner le Mondial avec l'Argentine trois mois avant, c'était fabuleux. Cependant, gagner un titre majeur… c'est une étoile pour le club. Je n'ai malheureusement pas connu un tel parcours en Coupe de France[4]. Mais ce n'était pas la même époque non plus. Je ne suis pas envieux et encore moins jaloux. Je peux juste regretter de ne pas avoir gagné un championnat ou une coupe avec Toulouse.

Qu'est-ce que j'aurais aimé jouer cette finale ! Être dans cette équipe, au Stade de France. Oh que oui ! Ils ont tous été formidables, et moi, l'ancien numéro 8, j'ai aimé le numéro 8 de cette équipe. Le Néerlandais Branco van den Boomen, quelle classe, ce joueur… J'aurais aimé être l'attaquant de cette équipe, arriver avec le bus du TéFéCé à Saint-Denis, et voir tous ces supporters au stade. On m'a dit que cela avait été magique. Il faut imaginer tous ces gens qui n'ont jamais vu le TéFéCé gagner un titre majeur pendant toutes ces années. Et là, quel bonheur ! Le Stade Toulousain l'avait déjà fait, mais pas le Toulouse Football Club ! C'est formidable ! Tous ces gens qui étaient en violet sur la place du Capitole le lendemain, c'était incroyable. Quand j'ai vu tout cela depuis Buenos Aires, l'équipe, l'ambiance, les supporters, je ne peux que les féliciter. On parle du TéFéCé jusqu'en Argentine. Bravo au club, aux joueurs, au staff, aux dirigeants et aux supporters ! »

4. Beto Márcico arrive à Toulouse à l'été 1985. Il n'est pas de l'équipe toulousaine éliminée en demi-finale de la Coupe de France en match aller et retour par le PSG (2-0 et 1-3)

Le groupe toulousain

L'entraîneur : Philippe MONTANIER – 58 ans – Français – Champion de France de L2 en 2022 et vainqueur de la Coupe de France 2023 avec le TFC

Les Gardiens

Kjetil HAUG (16) – 25 ans – Norvégien – aucun match de Ligue 1 en 2022/23 – Il dispute tous les matches de Coupe de France (540')

Maxime DUPE (30) – 30 ans – Français – Il dispute tous les matches de Ligue 1 mais aucun en coupe de France.

Thomas Himeur (1) – 22 ans – Français – Numéro 3 pour la finale

Les défenseurs

Mikkel DESLER (3) – 28 ans – Danois – 27/1 matches et 1 but en Ligue 1 – 329' en 5 rencontres de coupe de France

Warren KAMANZI (26) – 23 ans – Norvégien – 11/0 matches et but en Ligue 1 – 197' en 4 rencontres de coupe de France

Logan COSTA (14) – 22 ans – Capverdien – 6/0 matches et but en Ligue 1 – 532' en 6 rencontres de coupe de France (double buteur en finale)

Rasmus NICOLAÏSEN (2) – Danois – 26 ans – 34/0 matches et but en Ligue 1 – 422' en 5 rencontres de coupe de France

Anthony ROUAULT (4) – 21 ans – Français – 37/2 matches et buts en Ligue 1 – 126' en 3 rencontres de coupe de France

Christian MAWISSA ELEBI (32) – 18 ans – Français – 2/0 matches et buts en Ligue 1 – 14' contre Lannion en coupe de France

Oliver ZANDEN (18) – 22 ans – Suédois – 5/0 matches et buts en Ligue 1 – 90' contre Lannion en coupe de France

Gabriel SUAZO (15) – 26 ans – Chilien – 18/0 matches et buts en Ligue 1 – 360' en 4 rencontres de coupe de France et buteur contre Rodez.

Moussa DIARRA (23) – 23 ans – Français – 23/0 matches et buts en Ligue 1 – 8' en 2 rencontres de coupe de France

Issiaga SYLLA parti à Montpellier au mercato d'hiver – 90' contre Ajaccio en coupe de France avec TFC

Les milieux de terrain

Brecht DEJAEGERE (10) – 31 ans – Belge – 30/4 matches et buts en Ligue 1 – 338' en 5 rencontres de coupe de France.

Theocharis TSINGARAS (24) – 23 ans – Grec – 1/0 matches et buts en Ligue 1 – 129' en 3 rencontres de coupe de France.

Naatan SKYTTÄ – 21 ans – Finlandais – prêté à Viking FK (Nor) puis à Odense (Dan) – 2/0 matches et buts en Ligue1 – 118' en 2 rencontres de coupe de France et buteur contre Lannion

Stijn SPIERINGS (17) – 27 ans – Néerlandais – 36/2 matches et buts en Ligue 1 – 400' en 6 rencontres de coupe de France et buteur contre Lannion.

Branco VANDEN BOOMEN (8) – 28 ans – Néerlandais – 35/5 matches et buts en Ligue 1 – 317' en 5 rencontres de coupe de France et buteur contre Rodez.

Vincent SIERRO (13) – 28 ans – Suisse – 15/0 matches et buts en Ligue 1 – 159' en 4 rencontres de coupe de France

Denis GENREAU (5) – 24 ans – Australien – 20/0 matches en Ligue 1 – aucun match en coupe de France

Attaquants

Fares CHAÏBI (28) – 20 ans – Algérien – 36/5 matches et buts en Ligue 1 – 340' en 5 rencontres de coupe de France et buteur contre Reims, Rodez et à Annecy ()

Vejko BIRMANCEVIC (19) – 25 ans – Serbe – 25/0 matches et buts en Ligue 1 – 204' en 5 rencontres de coupe de France et buteur contre Lannion

Yanis BEGRAOUI – 22 ans – Marocain – prêté à Pau cet hiver – 3/0 matches et buts en Ligue 1 – 106' en 2 rencontres de coupe de France et buteur contre Lannion

Ado ONAIWU (7) – 28 ans – Japonais – 34/2 matches et buts en Ligue 1 – 54' en 3 rencontres de coupe de France

Thijs DALLINGA (27) – 23 ans – Néerlandais – 36/12 matches et buts en Ligue 1 – 454' en 6 rencontres de coupe de France. Meilleur buteur de la compétition avec 6 réalisations : Lannion (2) – Rodez (2) et 2 en finale

Saïd HAMULIC (29) – 23 ans – Bosnien – 6/0 matches et buts en Ligue 1 – 51' en 3 rencontres de coupe de France

RATAO (21) – 27 ans – Brésilien – 30/5 matches et buts en Ligue 1 – 132' en 4 rencontres de coupe de France et buteur contre Ajaccio

Zakaria ABOUKHLAL (6) – 23 ans – Marocain – 37/10 matches et buts en Ligue 1 – 413' en 5 rencontres et buteur à tous les matches sauf contre Lannion

Rhys HEALEY (9) – 28 ans – Anglais – 4 apparitions en L1 et 2 buts. Il s'est fait les croisés en début de saison ! Aucun match en coupe de France

TOULOUSE FC
TOULOUSE FOOTBALL CLUB
FORZA VIOLA
VILLE ROSE SANG VIOLET
TOULOUSE VIRAGE BRICE
ICI MÊME LES MÉMÉS AIMENT LA CASTAGNE
TOLOSA TOTJORN MAI
PER TOLOSA TOTJORN MAI
BRICE AVEC NOUS
BRICE PRÉSENT
39
38